نبوية

500 Dichos del Profeta

sobre las creencias y las prácticas

دار المدينة

Dar al-Medina

Colección: La Sunnah en Español

500 Dichos del Profeta
sobre las creencias y las prácticas
Dar al-Medina

ISBN: 9798368126692

daralmedina.com
twitter.com/daralmedina
facebook.com/daralmedina
instagram.com/daralmedina

بسم الله الرحمن الرحيم

En el nombre de Al-lah,

el más Clemente, el más Misericordioso

Índice

Introducción

المقدمة

Alabado sea Al-lah. Le alabamos y le pedimos ayuda, perdón y protección contra el mal de nuestras almas y de nuestras malas acciones. Aquel a quien Al-lah guía no puede extraviarse, y aquel a quien permite extraviarse no puede ser guiado. Atestiguo que no hay otro dios digno de adoración que Al-lah, único y sin socios, y atestiguo que Muhammad ﷺ es Su siervo y mensajero.

En estos tiempos de ataques generalizados contra el Islam y su profeta, pero también contra sus seguidores, se hizo urgente dar voz a Muhammad, la paz y las bendiciones sobre él. Porque si algunos aforismos de Jesús son bien conocidos en Occidente, a veces incluso convertidos en proverbios como la expresión: "Ningún hombre es profeta en su país" ¿quién en nuestro país es capaz de citar una sola palabra del profeta del Islam? Sin embargo, los tradicionalistas musulmanes los han recopilado en cientos de colecciones que incluyen decenas de miles de estas palabras llamadas "hadices".

El hadiz se refiere a una palabra -o, más raramente, a un acto del Profeta o a su aprobación tácita- comunicada por uno de sus compañeros. El contenido de las colecciones de hadices es, pues, similar al de los cuatro Evangelios, que recogen las palabras y los hechos de Jesús, con la salvedad de que el plan de los Evangelios sigue el curso de la vida de Cristo, mientras que las colecciones de hadices se clasifican generalmente por temas.

Sin embargo, hay una gran diferencia entre las colecciones de hadices y los Evangelios: la "cadena de transmisión". Mientras que desconocemos la vida de los cuatro evangelistas, Mateo, Marcos, Lucas y Juan, por no hablar de los que nos transmitieron sus textos, cada hadiz nos llega con una lista de los hombres que lo transmitieron, desde el compañero que lo escuchó de boca del Profeta hasta el que lo registró en su colección.

Una de las particularidades del Islam es, en efecto, lo que se conoce como "ciencias del hadiz", que estudian la autenticidad de un determinado hadiz analizando la probidad y el rigor de las distintas personas que contribuyeron a su transmisión. Si falta una persona en la cadena, o si uno de los relatores carece de probidad o rigor, el hadiz es rechazado.

Las colecciones de hadices más conocidas son las de *al-Bukhari* (810-870) y *Muslim* (817-875), cuya autenticidad es unánimemente aceptada por los musulmanes hasta el punto de que se puede decir que *al-Bukhari* y *Muslim* son para los musulmanes lo que Mateo, Marcos o Lucas para los cristianos. En otras palabras, sus obras son el evangelio para ellos. Por ello, para presentar al lector las tradiciones más auténticas, hemos extraído esencialmente de estas dos colecciones los hadices que aquí se proponen. Además, hemos tomado una serie de tradiciones de las obras que, en términos de autenticidad, siguen inmediatamente a *al-Bukhari* y *Muslim*, a saber, las colecciones de *Abū Dawūd*, *Tirmidhi*, Ibn Majah, Nasai y el Imam

Ahmad. Estas siete compilaciones de hadices son consideradas hoy en día por los eruditos musulmanes como las más precisas y fiables.

Siguiendo el ejemplo de los tradicionistas musulmanes, los hadices se han clasificado por temas, más concretamente en cinco temas principales:

Primer tema: el *dogma*. En esta primera parte se mencionan hadices relacionados con la fe y la doctrina musulmanas, empezando por la creencia en la Unicidad de Dios, dogma central del Islam, y siguiendo por temas tan diversos como el amor a Dios, los ángeles, la predestinación o el Último Día. Los títulos de los primeros capítulos de esta parte: la Unicidad de Dios, el Amor de Dios y la Esperanza en Dios, deben compararse con las tres virtudes teológicas cristianas de la fe, la caridad y la esperanza.

Segundo tema: el *buen comportamiento*. Esta parte presenta de forma concisa algunos aspectos de la moral musulmana: el amor al prójimo, el respeto debido a los padres y a los ancianos, la bondad hacia los débiles. También enumera las cualidades que debe poseer todo musulmán: modestia, misericordia, humildad, sinceridad, etc.

Tercer tema: *las buenas obras*. Por buenas acciones entendemos las diversas prácticas religiosas del Islam, empezando por la oración ritual, seguida de la limosna legal, el ayuno y la peregrinación.

Cuarto tema: *las prohibiciones*. Esta sección enumera las principales prohibiciones del Islam, centrándose en las prohibiciones morales más que, por ejemplo, en las prohibiciones dietéticas. Incluye algunos de los pecados capitales del cristianismo: la avaricia, la ira, la envidia y el orgullo, siendo el pecado más grave, que Dios no puede perdonar, el politeísmo o la idolatría.

La quinta parte reúne *diversos hadices relativos,* por ejemplo, a la vida cotidiana del musulmán, pero también profecías y parábolas de

Muhammad o historias de naciones pasadas, transmitidas por el Profeta del Islam a sus compañeros.

A veces se tratan varios temas en un solo hadiz, como "Teme a Dios dondequiera que estés, sigue una mala acción con una buena acción, la borrará, y compórtate de la mejor manera con tu prójimo", que trata de la fe, las buenas acciones y el buen comportamiento. El hadiz se integra entonces en una u otra de estas partes.

Quienes lean estos dichos del Profeta se asombrarán a veces por su similitud, en el contenido más que en la forma, con ciertas palabras atribuidas a los profetas, a Jesús en particular, o a ciertos pasajes de las Escrituras. Esto no es sorprendente, ya que los profetas fueron enviados por el mismo Dios con un único mensaje que puede resumirse así: adorar a Dios sin asociar nada con él, mensaje en el que insiste el Antiguo Testamento, y amar al prójimo, enseñanza omnipresente en el Nuevo Testamento. ¿No dijo el Profeta: "Los profetas son hermanos de sangre, sus madres son diferentes, pero su religión es una"?

Dios

Tened fe en Dios, en Su Mensajero, en el Libro que reveló a Su Mensajero y en las Escrituras que reveló antes. Quien niega a Dios, a Sus ángeles, a Sus Libros, a Sus Mensajeros y al Último Día, se ha apartado gravemente de la verdad. (*Corán 4:136*)

La unidad de Dios

Di: "Dios es el único Dios. Dios es el Maestro del que nadie puede prescindir. No ha engendrado, ni ha sido engendrado. Y nadie en su creación es capaz de igualarlo.[1]

1- Los actos son tan buenos como sus intenciones y cada uno será recompensado según sus intenciones[2]. (*al-Bukhari* y *Muslim*)

2- El Islam se basa en cinco pilares: la atestiguación de que no hay ninguna deidad que deba ser adorada excepto Dios y que Muhammad es el mensajero de Dios, la realización de la oración, el pago de la limosna legal, la peregrinación a la Meca y el ayuno del mes de Ramadán[3]. (*al-Bukhari* y *Muslim*)

3- La fe consiste en creer en Dios, en Sus ángeles, en Sus libros revelados, en Sus mensajeros, en el Último Día, y en creer en la

[1] Corán 112, 1-4.

[2] Comenzamos esta recopilación con este hadiz que muchos tradicionistas, como *Al-Bukhari*, colocan a la cabeza de sus obras por razones obvias.

[3] De este hadiz se derivan los cinco pilares del Islam: la profesión de fe, la proclamación de la unicidad de Dios y la creencia en la misión de Muhammad, la oración ritual que el musulmán realiza cinco veces al día en dirección a La Meca, el Zakat, o diezmo, que el creyente está obligado a pagar una vez al año a los pobres en particular, el ayuno del mes de Ramadán y la peregrinación a La Meca para aquellos que tienen los medios físicos y materiales.

predestinación, sean sus consecuencias favorables o desfavorables[1]. (*Muslim*)

4- El que más se alegrará de mi intercesión[2] en el Último Día es el que proclame de todo corazón que no hay otra deidad con derecho a ser adorada que Dios. (*al-Bukhari*)

---

[1] El dogma musulmán se basa, pues, en estas seis creencias:

La creencia en Dios, que a su vez se divide en varios puntos: la creencia en la existencia de Dios, en que es el Señor y Creador de los cielos y la tierra, en que gobierna el universo y concede Sus favores a Sus criaturas, la creencia en que sólo Él tiene derecho a ser adorado, y la creencia en que tiene los nombres más sublimes y los atributos más perfectos.

La creencia en sus ángeles, que a su vez se divide en varios puntos: creer en la existencia de estos ángeles, aunque sean invisibles, creer que son seres creados de luz, de naturaleza perfectamente pura.

La creencia en Sus Libros, que a su vez se divide en varios puntos: creer en la existencia de estas Escrituras, como el Corán revelado a Muhammad, la Torá dada a Moisés o los Salmos de David, creer que el Corán, el último libro revelado, ha abrogado las Escrituras que lo precedieron.

La creencia en Sus Mensajeros, que a su vez se divide en varios puntos: creer en la existencia de estos profetas enviados a sus respectivos pueblos, a excepción de Muhammad, elevado a toda la humanidad, creer que algunos profetas ocupan un rango superior, siendo los cinco más grandes: Noé, Abraham, Moisés, Jesús y Muhammad, el sello de los profetas.

La creencia en el Último Día, que a su vez se divide en varios puntos: la creencia en la existencia de ese día, también llamado "Día de la Resurrección" o "Día de la Retribución", la creencia en todos los acontecimientos que tendrán lugar en ese día, empezando por el juicio de la humanidad, la creencia en la existencia del Paraíso y sus delicias, y del Infierno y sus tormentos.

La creencia en la predestinación, que a su vez se divide en varios puntos: creer que todo sucede según el decreto de Dios, creer que Dios sabía, incluso antes de proceder a la Creación, lo que iba a suceder, creer que todo está escrito y que todo sucede según la voluntad de Dios, el Creador de todas las cosas.

[2] El papel intercesor del profeta Muhammad es uno de los fundamentos del credo musulmán, casi tan central como el papel redentor del Mesías en el

5- Adora a Dios como si lo vieras, porque si no lo ves, Él te ve[1]. (*al-Bukhari*)

6- La fe tiene más de setenta ramas, la más alta de las cuales es la de atestiguar que no hay ninguna deidad a la que adorar excepto Dios y la más baja es la de retirar de la vía pública lo que pueda perjudicar a los transeúntes, sabiendo que la modestia es una de las ramas de la fe[2]. (*al-Bukhari* y *Muslim*)

7- El derecho de Dios sobre Sus siervos es que le adoren sin asociarle nada, y el derecho de Sus siervos sobre Él es que no castiga al que no le asocia. (*al-Bukhari* y *Muslim*)

8- Dios el Altísimo te aprueba en tres cosas y te desaprueba en otras tres. Él aprueba que le adoréis sin asociaros a Él, que todos os aferréis a su religión y que evitéis la división. Y desaprueba las habladurías, el hacer demasiadas preguntas y el despilfarro. (*Muslim*)

---

cristianismo. Pero a diferencia de la redención, ausente en la Biblia, el dogma de la intercesión, ya presente en el judaísmo, encuentra su fuente en los textos fundadores del Islam. El verbo "interceder" y sus derivados aparecen más de veinte veces en el Corán. Y el Profeta dijo: "He intercedido ante mi Señor por mi nación. Y dijo: "Seré el primero en interceder en el Paraíso. También dijo: "Cada profeta ha recibido una invocación. Pero he preferido conservar el mío como intercesión por mi nación en el Día de la Resurrección.

[1] Este es quizás el grado más alto de la fe: adorar a Dios como si pudiéramos verlo, teniendo en cuenta que, aunque no es posible ver a Dios durante esta vida terrenal, él observa cada uno de nuestros movimientos, escucha cada una de nuestras palabras y conoce incluso nuestros pensamientos más secretos.

[2] Por lo tanto, las acciones, como mantener fuera de la vía pública lo que podría perjudicar a los transeúntes, y las cualidades, como la modestia, forman parte de la fe.

9- Quien acepta a Dios como su Señor, al Islam como su religión y a Muhammad como su Mensajero, ha probado verdaderamente la dulzura de la fe. (*Muslim*)

10- La mejor manera de invocar el nombre de Dios es decir: "No hay ninguna deidad con derecho a ser adorada excepto Dios". (*Tirmidhi*)

El amor de Dios[1]

¡Tú que crees! Que sepan aquellos de entre vosotros que niegan la fe, que Dios traerá en su lugar hombres a los que amará y que le amarán[2].

1- Quien posea estas tres virtudes saboreará la dulzura de la fe gracias a ellas: amar a Dios y a Su Mensajero más que a nada en el mundo, amar a una persona sólo en Dios y preferir ser arrojado al fuego antes que volver a caer en la impiedad. (*al-Bukhari* y *Muslim*)

2- Cuando Dios ama a una de sus criaturas, llama a Gabriel y le dice: "Dios ama a fulano, que también sea amado por ti. Así que Gabriel lo ama y luego declara a los habitantes del cielo: "Dios ama a fulano, que también sea amado por vosotros". Así que los ángeles a su vez lo aman y se hace amable a los ojos de los hombres en la tierra (*al-Bukhari* y *Muslim*).

3- Dios ama al adorador que sabe guardarse del pecado, contentarse con lo que tiene y ser discreto. (*Muslim*)

La misericordia de Dios

Dios es en verdad todo bondad y misericordia con los hombres[3].

---

[1] El amor de Dios por sus criaturas y el amor de éstas por su Señor.

[2] Corán 5:54.

[3] Corán 2:143.

1- Cuando Dios hizo la Creación, escribió en un libro que está cerca de Él, encima del Trono: "Mi misericordia prevalece sobre Mi ira".[1] (*al-Bukhari* y *Muslim*)

2- Dios ha dividido la misericordia en cien partes. Guardó noventa y nueve de ellos con Él y envió a la tierra una parte por la que las criaturas se muestran misericordiosas entre sí, incluyendo el animal que levanta su pezuña por miedo a aplastar a sus crías. (*al-Bukhari* y *Muslim*)

3- Nadie ganará su salvación sólo con sus obras[2]. (*Muslim*)

4- Si no cometierais pecados, Dios os haría desaparecer y os sustituiría por hombres que cometerían pecados y luego pedirían perdón a Dios y Él les perdonaría. (*Muslim*)

5- El ayunante que come o bebe por olvido debe seguir ayunando. Es Dios quien lo ha alimentado y regado. (*al-Bukhari* y *Muslim*)

La esperanza en Dios

---

[1] Si el judaísmo nos presenta a un Dios belicoso y despiadado, y si, para contrarrestar esta crueldad, el cristianismo describe a un Dios esencialmente misericordioso, el Dios del Islam, la religión del camino intermedio, es a la vez misericordioso y riguroso. El Altísimo dice en el Corán: "Informad a mis siervos de que soy el Más Compasivo, el Más Misericordioso, pero también de que mi castigo es muy doloroso." Sin embargo, como indica este hadiz, Dios es misericordioso antes de ser severo, lo que también está implícito en la aleya que menciona la misericordia y la indulgencia antes de la severidad y el castigo.

[2] "¿Ni siquiera tú, Mensajero de Dios?" Sus compañeros le preguntaron. "Ni siquiera yo, a menos que Dios me conceda su perdón y misericordia", respondió el Profeta con humildad. Según algunos eruditos, los creyentes entrarán en el Paraíso sólo por la gracia de Dios, no por sus buenas acciones, que sólo permitirán alcanzar los grados más altos del Paraíso a quienes hayan multiplicado las buenas acciones.

Es en Dios donde ponemos todas nuestras esperanzas[1].

1- Quien testifique que no hay ninguna deidad que deba ser adorada excepto Dios solo y sin socios, que Muhammad es Su siervo y mensajero, que Jesús es el siervo de Dios, Su Mensajero, Su Palabra que sopló en María y un espíritu que emana de Él[2] y que hay un Paraíso y un Infierno, entrará por la gracia de Dios en el Paraíso, independientemente de sus actos[3]. (*al-Bukhari* y *Muslim*)

2- Que ninguno de vosotros muera sin tener esperanza en la misericordia de Dios Todopoderoso[4]. (*Muslim*)

3- Que el que se alegra de encontrarse con Dios sepa que Dios se alegra de encontrarse con él. En cuanto al que se resiste a

---

[1] Corán 9:59.

[2] Para los musulmanes, Jesús es el "Verbo de Dios" o, más literalmente, la "Palabra de Dios", en la medida en que nació sin padre, a partir de la orden divina "Sé" que dio lugar a su nacimiento milagroso. Esto está muy lejos de la creencia cristiana en la encarnación del Verbo -Dios mismo- en la persona de Jesús.

[3] Siempre que eviten el único pecado que Dios no perdona, la idolatría: "Dios no puede perdonar que otros se asocien a Su adoración, pero sí puede perdonar cualquier otro pecado de menor gravedad" (Corán 4:48). (Corán 4:48) Quien considere a Jesús como el Hijo de Dios y a María como la Madre de Dios, y adore a ambos, es un idólatra. Dios dirá en el último día: "¡Jesús, hijo de María! ¿Pediste a los hombres que te elevaran a ti y a tu madre al rango de dioses además de Dios? Él responderá: "¡Gloria a ti! No me corresponde atribuirme este rango sin derecho. Si lo hubiera hecho, lo sabrías. Porque Tú conoces los secretos de mi alma, pero tus misterios son inescrutables. Sólo tú conoces todas las cosas, aparentes u ocultas. Me limité a transmitirles el mensaje que me encomendasteis, diciendo: "Adorad a Dios, mi Señor y el vuestro". Fui testigo de su comportamiento mientras vivía entre ellos. Entonces, cuando tomaste mi alma, fuiste el observador atento de sus actos, tú que eres el testigo de todas las cosas. (Corán 5:116-117)

[4] El Profeta pronunció estas palabras sólo tres días antes de su muerte.

encontrarse con Dios, que sepa que Dios se resiste a encontrarse con él (*Muslim*).

4- Si el creyente supiera realmente qué castigo hay con Dios, no esperaría su paraíso, y si el incrédulo supiera realmente qué misericordia hay con Dios, no desesperaría de su paraíso. (*Muslim*)

Confianza en Dios

Si realmente crees en Dios y estás verdaderamente sometido a Él, entonces pon tu confianza en Él[1].

1- Si confías en Dios como debes[2], Él te concederá tu sustento como se lo concede a los pájaros que dejan su nido con el estómago vacío por la mañana y vuelven a él por la tarde con el estómago lleno. (*Tirmidhi*)

2- Quien, en la necesidad, se dirige a la gente, permanecerá en la necesidad. En cuanto al que se vuelve al Señor, tarde o temprano obtendrá sus favores. (*Abū Dawūd* y *Tirmidhi*)

El temor de Dios

Sin embargo, la recompensa en el Más Allá será mucho mejor para aquellos que creen y viven en el temor del Señor[3].

1- Hay siete categorías de personas a las que Dios protegerá con su sombra el día en que no habrá más sombra que la suya propia[4]: el gobernante justo y equitativo, el joven que creció en la adoración

---

[1] Corán 10, 84.

[2] "Apoyarse en Dios" no significa que uno no deba utilizar los medios necesarios para obtener su sustento, sino sólo que uno debe tener en cuenta que es realmente Dios quien proporciona este sustento y tener plena confianza en él.

[3] Corán 12:57.

[4] El último día.

de Dios, el hombre cuyo corazón está apegado a las mezquitas, dos hombres que se amaron por la causa de Dios, se unieron a causa de este amor y se separaron por ello, el hombre que, al ser preguntado por una bella mujer de alto rango, le responde: "Temo a Dios", el hombre que da limosna con tanta discreción que su mano izquierda no sabe lo que da la derecha, y finalmente el hombre que, lejos de los ojos, rompe a llorar recordando a Dios. (*al-Bukhari* y *Muslim*)

2- Si supieras lo que yo sé, te reirías poco y llorarías mucho (*al-Bukhari* y *Muslim*)

3- Teme a Dios dondequiera que estés, sigue una mala acción con una buena acción, eso la borrará, y compórtate con tu vecino de la mejor manera (*Tirmidhi*).

4- Temed a Dios, haced vuestras cinco oraciones diarias, observad el ayuno del mes de Ramadán, pagad la limosna sobre vuestros bienes y obedeced a vuestros gobernantes, entonces entraréis en el paraíso de vuestro Señor. (*Tirmidhi*)

5- Las dos cosas que más te llevan al Paraíso son el temor a Dios y el buen comportamiento con la gente (*Ahmad*)

La grandeza de Dios

Conoce tanto el mundo visible como el invisible. Él es el Más Grande, el Trascendente[1].

1- El sol y la luna son sólo dos de los signos de la omnipotencia y grandeza de Dios, su eclipse no se produce ni por la muerte ni por el nacimiento de un hombre[2]. (*al-Bukhari* y *Muslim*)

[1] Corán 13:9.

[2] Fue el día en que su hijo Ibrahim murió en la infancia, que coincidió con un eclipse solar, cuando el Profeta pronunció estas palabras en respuesta a aquellos

2- Dios Todopoderoso ha dicho: "La gloria y la grandeza son mis atributos. Quien discuta conmigo por alguno de ellos sufrirá mi castigo". (*Muslim*)

Las bendiciones de Dios

Te ha concedido todo lo que necesitas, tanto que si intentaras contar las bendiciones de Dios, no podrías[1].

1- Al que tiene la intención de hacer una buena acción, pero se le impide hacerla, se le inscribe igualmente una buena acción. Si lo hace, se le inscriben diez buenas acciones -y hasta setecientas buenas acciones y más-. Si decide cometer una mala acción, pero finalmente renuncia a ella, se inscribe una buena acción. Si lo comete, queda inscrito con una mala acción, a menos que Dios Todopoderoso lo borre. Dios sólo envía a la perdición a quien la merece. (*al-Bukhari* y *Muslim*)

2- Mira a los que están en una posición menos envidiable que tú, no a los que están en una posición más envidiable. Esto te permitirá apreciar las gracias que Dios te ha concedido. (*al-Bukhari* y *Muslim*)

3- Dos de las bendiciones de Dios no se aprecian del todo: la salud y el tiempo libre (*al-Bukhari*)

---

de sus compañeros que pensaban que el sol se había eclipsado por la muerte de su hijo. El Profeta, como habría hecho un impostor, no trató de aprovechar el eclipse que coincidió con la muerte de su hijo. Podría haberse contentado con guardar silencio y dejar que se sepa sin que se le considere un mentiroso. Pero lo hizo mejor que eso, luchando contra esta superstición sin aprovecharse de la situación. El orientalista Emile Dermenghem considera que la actitud de Muhammad en el momento de la muerte de su hijo es la mejor prueba de su sinceridad, afirmando con razón que tales palabras no pueden proceder de un impostor.

[1] Corán 14:34.

4- Cuando un hombre abraza el Islam y se convierte en un buen musulmán, Dios borra todos los pecados que haya cometido antes. Entonces es recompensado por sus acciones de la siguiente manera: cada buena acción es recompensada diez veces y hasta setecientas veces, mientras que la mala acción se cuenta sólo una vez, a menos que Dios la perdone. (*al-Bukhari*)

5- La mano de Dios está llena, y las bendiciones que derrama día y noche no disminuyen su contenido. Mira todo lo que ha concedido desde la creación de los cielos y la tierra y sin embargo no ha disminuido el contenido de su mano derecha. (*al-Bukhari* y *Muslim*)

6- Cuando el siervo de Dios cae enfermo o se va de viaje, Dios registra para él la recompensa de las obras que realizaba antes de su viaje o cuando gozaba de buena salud. (*al-Bukhari*)

7- Nadie, mejor que Dios, soporta con paciencia las ofensas que escucha. Los hombres le atribuyen hijos[1] y, sin embargo, Él los preserva de todo mal y les otorga Sus bendiciones. (*al-Bukhari* y *Muslim*)

8- En verdad, Dios ha perdonado a los miembros de mi nación todo lo que sus almas les sugieran, siempre que estos malos pensamientos no se traduzcan en palabras o hechos. (*al-Bukhari* y *Muslim*)

---

[1] Es el caso de los cristianos que han elevado a Jesús al rango de Hijo único de Dios en contradicción con las palabras de Jesús que dijo: "Subo a mi Padre y a vuestro Padre, a mi Dios y a vuestro Dios" (Juan 20, 17) o: "La vida eterna consiste en que te conozcan a ti, el único Dios verdadero, y al que has enviado, Jesucristo" (Juan 17, 3) o también: "El siervo no es mayor que su señor, ni el apóstol es mayor que el que le envió" (Juan 13, 16). (Juan 13, 16).

9- Dios Todopoderoso no dejó ninguna excusa para al hombre cuya muerte retrasó hasta los sesenta años. (*al-Bukhari*)

10- Cuando Dios desea el bien a alguna de sus criaturas, la castiga en este mundo. Y cuando le desea el mal, espera el Último Día para pedirle cuentas por sus pecados. (*Tirmidhi*)

11- Quien, judío o cristiano, abrace el Islam será doblemente recompensado y tendrá los mismos derechos y deberes que nosotros. Y quien de entre los paganos se convierta en musulmán recibirá su recompensa teniendo los mismos derechos y deberes que nosotros. (*Ahmad*)

Creencias islámicas

Los ángeles

Verás a los ángeles alrededor del Trono, alabando la gloria y la santidad de su Señor. Y cuando los hombres hayan sido juzgados con toda justicia, se proclamará: "Alabado sea Dios, el Señor de la Creación".[1]

1- Los ángeles fueron creados de la luz. (*Muslim*)

2- Dios, el Altísimo, tiene ángeles que recorren la tierra buscando a los hombres y mujeres que invocan su nombre. Cuando los encuentran, se llaman unos a otros, diciendo: "Venid, esto es lo que buscabais. Los ángeles los rodean entonces con sus alas, llenando el espacio entre el cielo y la tierra. Entonces su Señor les pregunta -aunque él sabe mejor que ellos-: "¿Qué dicen mis adoradores? "Alaban tu gloria, tu grandeza, tu alabanza y tu majestad", responden los ángeles. "¿Me han visto?" "No, nunca te han visto. "¿Y si me hubieran visto?" pregunta a Dios. "Si te hubieran visto, te habrían adorado, engrandecido y glorificado, incluso con más fervor. "¿Qué me piden?" "Te piden el Paraíso", responden los ángeles. "¿Lo han visto?" "No, Señor, nunca lo han visto. "¿Y si lo hubieran visto?" "Si lo hubieran visto, lo codiciarían, lo reclamarían y lo desearían con mayor ardor. "¿De qué buscan protección? "Del fuego del infierno", responden los ángeles. "¿Lo han visto alguna vez?" "No, Señor, nunca lo han visto. "¿Y si lo hubieran visto?" "Si lo hubieran visto, huirían de él con mayor temor", responden los ángeles. "Testifica que los he perdonado", dice Dios (*al-Bukhari* y *Muslim*).

---

[1] Corán 39, 75.

3- Yo veo lo que tú no ves y oigo lo que tú no oyes. El cielo se resquebraja[1] y tiene todo el derecho a hacerlo. En efecto, no hay espacio, por pequeño que sea, sin que un ángel apoye su frente en él, en postración ante Dios el Altísimo (*Tirmidhi*).

El Corán y las Escrituras

Te ha revelado el Libro de la Verdad confirmando las Escrituras que lo precedieron, al igual que reveló antes la Torá y el Evangelio, para guiar a la humanidad[2].

1- Sólo soy un ser humano a punto de responder al ángel que mi Señor me enviará. Dejo entre vosotros dos cosas de gran valor: la primera es el Libro de Dios, guía y luz para los hombres. Así que sigue el Libro de Dios y mantén sus enseñanzas. (*Muslim*)

2- Recita el Corán porque él vendrá en el Último Día a interceder por aquellos que lo recitan diligentemente y aplican sus enseñanzas. (*Muslim*). (*Muslim*)

3- El mejor de vosotros es el que aprendió el Corán antes de enseñarlo a los demás[3]. (*al-Bukhari*)

---

[1] Bajo el peso de los ángeles.

[2] Corán 3:3-4.

[3] Estas palabras, en las que el Profeta anima a los musulmanes a memorizar el Corán, influyeron considerablemente en la conservación del texto coránico, que fue aprendido de memoria desde el principio del Islam por miles de musulmanes, como explica Maurice Bucaille en *La Bible, le Coran et la science*: "El texto fue recitado de memoria, tal como fue revelado, por el Profeta y los creyentes que le rodeaban, y fijado por escrito por los escribas de su círculo. Por lo tanto, al principio tiene estos dos elementos de autenticidad que los Evangelios no tienen. Así fue hasta la muerte del Profeta. La recitación, en una época en la que no todo el mundo escribía sino que podía memorizar, ofrece, por la pluralidad de control posible en el momento del establecimiento definitivo del texto, una ventaja considerable. William Muir escribe en la

4- A través de este Libro, Dios elevará el rango de algunos y bajará el de otros[1]. (*Muslim*)

5- No está permitido envidiar a nadie, excepto a dos tipos de personas: aquel a quien Dios le ha dado el conocimiento del Corán y cuyas enseñanzas aplica noche y día, y aquel a quien Dios le ha concedido riqueza que gasta en buenas obras noche y día. (*al-Bukhari* y *Muslim*)

6- No hay nadie que se reúna en una de las casas de Dios para recitar y estudiar juntos el Libro de Dios sin que la serenidad descienda sobre ellos, la misericordia los cubra, los ángeles los rodeen y Dios los mencione ante los ángeles que están con Él. (*Muslim*)

7- Esta noche se me ha revelado una surah que me es más querida que este mundo y todo lo que hay en él, la que comienza con las palabras: "Ciertamente os hemos concedido una brillante victoria, para que Dios os perdone vuestros pecados pasados y futuros."[2] (*al-Bukhari*)

---

introducción a *The Life of Muhammad from Original Sources*: "Probablemente no hay ningún libro en el mundo que, como el Corán, haya conservado su pureza original durante un periodo tan largo".

[1] Él elevará, en este mundo y en el Más Allá, a aquellos hombres y mujeres que crean en la autenticidad del Corán y apliquen sus leyes, y rebajará a aquellos que duden de su autenticidad y se nieguen a cumplir sus preceptos.

[2] Se trata de la sura 48 del Corán, llamada *Victoria*, que termina con las palabras "Muhammad es el Mensajero de Dios. Sus compañeros son implacables con los impíos, llenos de compasión por los demás. Se les puede ver inclinados y postrados en oración, buscando las gracias y la satisfacción de su Señor, con el rostro marcado por la protesta. Esta es su descripción en la Torá, mientras que en el Evangelio se les compara con una semilla de la que brotan jóvenes retoños que le dan fuerza y vigor, y que luego sigue hinchándose y finalmente se mantiene erguida sobre su tallo, para admiración del sembrador. A través de

8- A todos los profetas les fueron dados milagros en los que los hombres inevitablemente creen. En cuanto a mí, he recibido una revelación que Dios me ha hecho llegar[1]. Espero ser el profeta que tenga más seguidores en el Último Día. (*al-Bukhari* y *Muslim*)

9- Las naciones que vivieron antes que nosotros se perdieron sólo por sus diferencias en la interpretación de sus escrituras[2]. (*Muslim*)

10- En el Último Día, a quien recite diligentemente el Corán y aplique sus enseñanzas se le dirá: "Lee y sube las escaleras del Paraíso". Recita en silencio como lo hiciste en la tierra. Llegarás a tu morada en el último verso que recites. (*Abū Dawūd* y *Tirmidhi*)

---

ellos Dios llena de furia a los impíos. A los que creen y hacen obras piadosas, les ha prometido el perdón y una recompensa infinita".

[1] Laura Veccia Vaglieri, orientalista italiana, escribe al respecto: "La difusión del islam no se logró ni por la fuerza ni por los continuos esfuerzos de los predicadores, sino por el libro que los musulmanes presentaron a los pueblos que conquistaron, dejándoles la opción de aceptarlo o rechazarlo, el libro de Dios, la palabra de la verdad, el mayor milagro que Muhammad pudo presentar a los indecisos de este mundo" (Apologiall' Islamismo, A. F. Formiggini, Roma, 1925). (*Apologia dell' Islamismo*, A. F. Formiggini, Roma, 1925) El escritor suizo Roger du Pasquier confirma: "El milagro central del Islam ha sido y sigue siendo la revelación del Corán. Nadie hasta ahora ha podido explicar razonablemente cómo un caravanero analfabeto de principios del siglo VIIe pudo, con su propio esfuerzo, producir un texto dotado de una belleza tan inimitable, de una capacidad de conmover las almas, así como de un conocimiento y una sabiduría que superan con creces los conocimientos y las ideas de los hombres de su época. Los estudios realizados en Occidente para intentar determinar las fuentes de las que se habría nutrido Muhammad o para demostrar el fenómeno psicológico por el que se habría inspirado en su "inconsciente" nunca han demostrado nada más que los prejuicios antimusulmanes de sus autores."(*Découverte de l'islam*, Les trois continents, 1985, p. 63)

[2] El compañero que relata este hadiz afirma que fue después de oír a dos musulmanes discutir sobre una aleya del Corán cuando el Profeta, irritado por su actitud, pronunció estas palabras.

Los profetas

Así, Dios, el Todopoderoso, el infinitamente Sabio, te envía Su revelación como lo hizo con los profetas antes que tú [1].

1- No establecer una jerarquía entre los profetas[2]. (*al-Bukhari* y *Muslim*)

2- La religión más querida por Dios es la de Abraham, la religión de la tolerancia[3]. (*al-Bukhari*)

3- El Profeta Abraham se circuncidó a la edad de ochenta años[4]. (*al-Bukhari* y *Muslim*)

---

[1] Corán 42, 3.

[2] Aunque los musulmanes no deben diferenciar entre los profetas para no menospreciar a algunos de ellos, todos merecen nuestro respeto, Dios mismo dice en el Corán: "Hemos favorecido a algunos de estos Mensajeros sobre otros. A algunos les hemos hablado y a otros los hemos elevado a un alto rango. Permitimos a Jesús, hijo de María, realizar brillantes milagros y le asistimos con el Espíritu Santo". (Corán 2:253) Otros versículos indican que cinco profetas tienen un rango especial: Noé, Abraham, Moisés, Jesús y Muhammad.

[3] Una respuesta a los que ven el Islam como una religión intolerante. La religión de Abraham es el monoteísmo puro -distorsionado por el formalismo de los judíos y la Trinidad cristiana- que el profeta Muhammad vino a restaurar. Por eso dijo: "No se me ha encargado predicar ni el judaísmo ni el cristianismo, sino la religión del monoteísmo puro, la religión de la tolerancia."(*Ahmad*)

[4] En obediencia al mandato del Señor de circuncidarse a sí mismo y a su descendencia como signo de la alianza, Abraham se circuncidó a sí mismo a una edad tan avanzada: "Esta es mi alianza, que guardarás entre tú y yo, y tu descendencia después de ti: todo varón de entre vosotros será circuncidado. Os circuncidaréis, y será una señal de la alianza entre mí y vosotros". (Génesis 17:10-11) Sin embargo, Pablo se abroga esta obligación sin ninguna base en las palabras de Jesús, con todas las consecuencias que esta decisión tendrá en la historia de la salvación. La actitud de Pablo fue ferozmente combatida por los primeros cristianos de la comunidad judía de Jerusalén, los judeocristianos. Así, según el testimonio de Santiago el Justo, llamado el hermano del Señor, primer jefe de la Iglesia de Jerusalén, todos los fieles de la ciudad santa aplicaban la Ley

4- Ciertamente, Dios ha elegido a Ismael[1] de entre los hijos de Abraham. (*Muslim*)

---

con celo y se escandalizaban al saber que Pablo eximía a los judíos de la diáspora de la obligación de circuncidar a sus hijos (Hch 21,20-21). Estos judeocristianos no hacían más que seguir las enseñanzas de Jesús, que creía que la Ley debía aplicarse al pie de la letra: "No penséis que he venido a abolir la Ley o los Profetas. No he venido a abolir, sino a cumplir. Porque en verdad os digo que hasta que pasen el cielo y la tierra, no pasará ni una jota ni una tilde de la Ley, hasta que todo se cumpla" (Mateo 5:17-18). Además, Jesús también se circuncidó como todos los judíos de su tiempo (Lucas 2:21). Los judíos y los musulmanes continúan con esta tradición hasta el día de hoy. Incluso antes de la llegada del Islam, los árabes practicaban la circuncisión como sello de la alianza milenaria hecha por el Señor con su antepasado Abraham.

[1] Ismael, el primogénito de Abraham, es el antepasado de los árabes, al igual que su hermano Isaac, el segundo hijo de Abraham, es el antepasado de los judíos. La Biblia, el libro sagrado del pueblo hebreo, presenta a Isaac como el elegido de Dios entre los hijos de Abraham, y por tanto al pueblo judío como el pueblo elegido. Sin embargo, tras la parábola de los viñadores, que describe cómo los hijos de Israel persiguieron y mataron a los profetas, Jesús anuncia a sus contemporáneos judíos que el reino de Dios les será quitado y entregado a otra nación: "Por eso os digo que el reino de Dios os será quitado y entregado a una nación que dará sus frutos" (Mateo 21:43) (Mateo 21:43) Para los musulmanes, esta nación que heredará el reino de Dios y dará sus frutos sólo puede ser la que desciende de Abraham a través de Ismael. Porque si los hijos de Israel, descendientes de Isaac, han roto la alianza hecha con su antepasado Abraham y renovada con Moisés, los hijos de Ismael tienen más derecho que nadie a heredar la misión profética, dada la promesa hecha a Abraham en Génesis 17:20 de hacer de su primogénito, Ismael, y de su descendencia, una gran nación: "En cuanto a Ismael, te he oído. He aquí que lo bendeciré y lo haré fructificar, y lo multiplicaré en gran manera. Engendrará doce príncipes, y haré de él una gran nación. En opinión de los rabinos, esta predicción se cumplió más de 2000 años después de la promesa a Abraham, con la llegada del profeta Muhammad y el Islam. En la traducción de Edmont J. Safra de la Torá, Génesis 17:20, el rabino Bekhaye cita al rabino Khanael, dos eminentes rabinos de los siglos XIII y XI: "Vemos que el cumplimiento de la promesa hecha aquí a Ismael (Ishmael) tardó 2.333 años en cumplirse [con el surgimiento del Islam en el siglo VII de la era actual]. Este retraso no se debió a sus faltas... Durante este largo periodo, los descendientes de Ismael siguieron albergando una

5- El más noble de los hombres es José, el profeta de Dios, hijo del profeta de Dios Jacob, hijo a su vez del profeta de Dios Isaac, hijo de Abraham a quien Dios eligió y rodeó de su amor[1]. (*al-Bukhari* y *Muslim*)

6- La mitad de la belleza se reunió en Joseph[2]. (*Muslim*)

7- ¡Que Dios se apiade de Moisés! Fue ofendido por su pueblo aún más gravemente, pero soportó estas ofensas con paciencia[3]. (*al-Bukhari* y *Muslim*)

8- No pienses que soy mejor que Moisés[4]. (*al-Bukhari*)

9- Moisés era un hombre modesto. (*al-Bukhari*)

10- ¡Que Dios se apiade de Moisés! En verdad, quien ve con sus propios ojos no es comparable a quien sólo está informado. Informado por su Señor de que su pueblo había sucumbido a la

---

ardiente esperanza hasta que la promesa se cumplió finalmente y dominaron el mundo. Nosotros, los descendientes de Isaac, que debemos atribuir a nuestras faltas el hecho de que las promesas que se nos han hecho no se cumplan... ¿no deberíamos, a fortiori, esperar el cumplimiento de la promesa de Dios y no desesperar?" (*El Houmach*, Edmont J. Safra ediciones, 2014, p. 79)

[1] Se trata de una respuesta a quienes ven el Islam como una religión de fanáticos intolerantes y a Muhammad como un falso profeta. El Profeta, en respuesta a una pregunta de sus compañeros, no se describió a sí mismo como el mejor de los hombres, sino que describió al Profeta José, descendiente de tres generaciones de profetas, como el más noble de los hombres.

[2] Otro elogio del hebreo José, esta vez alabado por su belleza exterior.

[3] Otro profeta judío alabado por Muhammad es Moisés, al que presenta como modelo de paciencia.

[4] Mostrando su humildad, el Profeta ordenó a sus compañeros que no lo colocaran por encima de Moisés. Moisés es el profeta cuyo nombre aparece más veces en el Corán: más de 130 veces. El nombre de Muhammad, en cambio, sólo aparece 4 veces en el libro musulmán.

tentación de la idolatría después de su partida, no tiró las Tablas[1], pero cuando vio con sus propios ojos el comportamiento de su pueblo, desechó las Tablas[2]. (*Ibn Majah*)

11- Nadie comía mejor comida que la obtenida con el trabajo de sus manos. El Profeta David vivía del trabajo de sus manos (*al-Bukhari*)

12- La oración y el ayuno más querido por Dios es el del Profeta David: dormía la primera mitad de la noche, luego se quedaba despierto un tercio en oración y volvía a dormir el último sexto. Y ayunaba cada dos días (*al-Bukhari* y *Muslim*).

13- David era el más ferviente adorador de Dios (*Tirmidhi*)

14- Una de las oraciones de David fue: "¡Dios mío! Te pido tu amor, el amor de los que te aman, y las obras que me harán ganar tu amor. ¡Dios mío! Haz que tu amor sea más querido para mí que mi propia persona, mi familia y el agua fresca". (*Tirmidhi*)

15- Mientras Job estaba desnudo y se lavaba, las monedas de oro cayeron sobre él como langostas. Las recogió y las metió en su ropa. Su Señor le llamó: "¡Job! ¿No te he dado suficiente para hacer lo que ves? Job respondió: "Sí, Señor, pero no puedo prescindir de tus bendiciones". (*al-Bukhari*)

16- No es apropiado que alguien diga que es mejor que el Profeta Jonás (*al-Bukhari* y *Muslim*)

17- El profeta Zacarías era carpintero. (*Muslim*)

---

[1] Alusión a este pasaje del Éxodo: El Señor dijo a Moisés: "Ve, baja, porque tu pueblo, al que sacaste de la tierra de Egipto, se ha corrompido. (Éxodo 32:7)

[2] *La Biblia describe este episodio: "Al acercarse al campamento, vio el becerro y las danzas. Y se encendió la ira de Moisés, que arrojó las tablas con sus manos y las rompió al pie de la montaña*". (Éxodo 32:19)

18- No hay ningún hombre que no haya cometido un pecado ni haya pensado en cometerlo, excepto Juan el Bautista, hijo de Zacarías (*Ahmad*).

19- Dios envió a uno de sus siervos a su pueblo que lo llamó mentiroso y lo hirió en la cabeza. Mientras se limpiaba la sangre de la frente, dijo: "¡Dios mío! Perdónalos, porque no saben lo que hacen".[1] (*Ahmad*)

20- Los profetas son hermanos consanguíneos, sus madres son diferentes, pero su religión es única[2]. En cuanto a mí, soy el más cercano a Jesús hijo de María, pues no hubo ningún profeta entre él y yo (*Ahmad*).

---

[1] Este profeta perseguido por su pueblo podría ser Jesús, a quien el Evangelio de Lucas dice: "Padre, perdónalos, porque no saben lo que hacen" (Lucas 23,34). Si este es el caso, entonces el Profeta confirma el relato bíblico de la persecución de Jesús por su pueblo. Por otra parte, el Corán refuta la creencia cristiana en la crucifixión: "No lo mataron ni lo crucificaron, sino que se engañaron. Todos los que se han opuesto a esto están, de hecho, en total incertidumbre, haciendo meras suposiciones. Ciertamente no lo mataron, sino que Dios lo resucitó. Dios es todopoderoso e infinitamente sabio. (Corán 4:157-158)

[2] Todos los profetas han predicado, en efecto, la unicidad absoluta de Dios. Qué más cercano que la declaración de fe musulmana - "No hay más deidad digna de adoración que Dios"- y el Shema Israel judío: "¡Oye, Israel! El Señor nuestro Dios es el único Señor. Además, cuando un escriba le preguntó por el primero de todos los mandamientos, el propio Jesús respondió: "Este es el primero: Escucha, Israel, el Señor nuestro Dios es el único Señor. (Marcos 12:29) El Profeta Muhammad vino así a restaurar el monoteísmo abrahámico en toda su pureza, un monoteísmo cuestionado por la doctrina de la Trinidad. He aquí lo que el orientalista francés Jules La Beaume escribió sobre este tema: "Muhammad no tuvo por un momento el proyecto de inventar un nuevo Dios, de instituir un nuevo culto. Pretendía, semita al principio, sólo restablecer el antiguo monoteísmo semita y restaurar el culto de Abraham, es decir, el culto mosaico, menos su cuerpo sacerdotal y la pompa del templo de Jerusalén. (*Le Koran analysé d'après la traduction de M. Kasimirski*, Jules La Beaume, Maisonneuve, París, 1878, p. 8.)

21- La Hora no llegará hasta que Jesús descienda entre vosotros como un gobernador justo[1]. (*al-Bukhari* y *Muslim*)

22- La mejor de las mujeres fue María[2]. (*al-Bukhari* y *Muslim*)

23- Muchos hombres han alcanzado la perfección, pero sólo Asya, la esposa del Faraón, y María, la hija de 'Imran, alcanzaron este nivel[3]. (*al-Bukhari* y *Muslim*)

24- Quien testifique que no hay otro dios que adorar que Dios, único y sin socios, que Muhammad es Su siervo y mensajero, que Jesús es el siervo de Dios, Su mensajero, Su palabra que insufló en María y un espíritu que emana de Él, y que hay un Paraíso y un

---

[1] Aquí se reconoce el dogma cristiano de la parusía, la segunda venida de Jesús a la tierra.

[2] Los cristianos probablemente se sorprenderán de estas palabras del profeta, que alaba a la santa María como la mujer más pura de la tierra. El Islam, de hecho, tiene un profundo respeto por María, y también por Jesús, pero sin elevarlos por encima de su rango, profeta de Dios para Jesús, y mujer santa para su madre. Así es como el Corán, que tiene una sura entera con su nombre, describe a María: "Los ángeles dijeron: '¡María! En verdad, Dios te ha elegido, te ha purificado y te ha preferido a todas las mujeres del universo. ¡Mary! Dedícate humildemente a tu Señor, inclínate y sé de los que se inclinan en la oración. (Corán 3:42-43) Por último, cabe señalar que María es el único nombre femenino del Corán en el que no se menciona a la madre, las esposas o las hijas del Profeta Muhammad, ni a ningún miembro de su familia.

[3] Otra palabra muy elogiosa sobre María, que se asocia aquí con la esposa del faraón -a la que la tradición musulmana da el nombre de Assia-, al igual que se asocian estas dos mujeres virtuosas en este pasaje coránico: "Dios ofrece a los creyentes el ejemplo de la esposa del faraón, que imploró: "¡Sea tu voluntad, Señor, construirme una morada contigo en el Paraíso, y librarme del faraón y de sus obras, y salvarme de este pueblo impío!" Así como el ejemplo de María, hija de Imran, que supo conservar su castidad y a la que recompensamos insuflando en ella de nuestro Espíritu. Creía en la palabra de su Señor y en sus Escrituras, y era de las que se someten humildemente a sus mandatos". (Corán 66:11-12) Cabe destacar que la Torá no hace ninguna referencia a al nombre de la esposa del Faraón.

Infierno, entrará por la gracia de Dios en el Paraíso, sean cuales sean sus obras[1]. (*al-Bukhari* y *Muslim*)

25- No hay judío o cristiano que muera sin añadir fe a mi mensaje, aunque haya oído hablar de mí, sin estar entre los condenados del infierno[2]. (*Muslim*)

26- En verdad, ya estaba en el conocimiento de Dios el sello de los profetas mientras Adán estaba todavía en el estado de arcilla[3]. Y os diré cuándo fui mencionado por primera vez en la tierra: a través de la invocación de mi padre Abraham[4], el anuncio de mi

[1] Sin embargo, algunos creyentes entrarán antes en el infierno, donde serán purificados de sus pecados antes de poder entrar en el paraíso. Pero, así como el impío nunca entrará en el Paraíso, el creyente no permanecerá en el Infierno para siempre. Esta situación corresponde, por tanto, a la del purgatorio cristiano, donde los pecadores que mueren en estado de gracia expiarán sus pecados hasta que sus almas se purifiquen y puedan entrar en la vida eterna.

[2] Por el contrario, según un hadiz relatado anteriormente, cualquier judío o cristiano que crea tanto en su profeta como en Muhammad recibirá una doble recompensa.

[3] Véase el Corán 15:28, donde Dios dice a los ángeles que "creará un ser humano de un barro seco y sonoro, de una marga negra y maloliente", y el Génesis 2:7, donde dice: "Entonces el Señor Dios formó al hombre de la marga de la tierra y derramó en su rostro el aliento de vida". Y el hombre cobró vida y se animó.

[4] Podría ser esta oración pronunciada por Abraham cuando instaló a su mujer Agar y a su hijo Ismael, aún niño, en el valle de La Meca: "¡Señor! He establecido a algunos de mis descendientes en un valle seco cerca de tu santuario para que puedan orar diligentemente, oh Señor. Dispón el corazón de una parte de los hombres a su favor y concédeles toda clase de frutos, esperando que te sean agradecidos. (Corán 14:37) Ahora bien, según la opinión unánime de los historiadores, Ismael es el antepasado de Muhammad. También podría referirse a la oración dirigida al Señor por Abraham y su hijo adulto Ismael cuando estaban construyendo el santuario de La Meca, la Kaaba: "¡Señor! Suscita a uno de ellos como profeta que les recite tus versos, les enseñe el Libro y la Sabiduría y purifique sus almas. Tú eres en verdad el Todopoderoso, el Infinitamente

advenimiento por parte de Jesús[1] y el sueño que tuvo mi madre. En efecto, las madres de los profetas tienen sueños premonitorios. (*Ahmad*)

Sabio. (Corán 2:129) Ahora bien, el único profeta descendiente de Ismael de la Meca es Muhammad. Según la Biblia, también podría tratarse de la oración dirigida al Señor por Abraham, quien, temiendo que Ismael no se viera concernido por la promesa divina que le había hecho a través de su hijo Isaac, imploró: "Deja que Ismael viva ante tu rostro" (Génesis 17, 18). Según la Biblia, Dios respondió a la oración de Abraham en favor de Ismael: "He respondido a tu oración sobre Ismael. He aquí que lo bendeciré y lo haré fructificar, y lo multiplicaré en gran manera. Engendrará doce príncipes, y haré de él una gran nación. (Génesis 17:20)

[1] Podría ser la profecía de Jesús recogida en el Corán: "¡Hijos de Israel! Yo soy el profeta que Dios os ha enviado, confirmando las enseñanzas de la Torá reveladas antes de mí y anunciando la llegada de un profeta que vendrá después de mí. (Corán 61:6) Este profeta anunciado por Jesús bien podría ser el Paráclito cuyo advenimiento predijo Cristo en este pasaje de Juan: "Pero os digo la verdad: os conviene que me vaya, porque si no me voy, el Paráclito no vendrá a vosotros. Pero si me voy, te lo enviaré. Y cuando venga, convencerá al mundo de pecado, de justicia y de juicio [...] Cuando venga el Paráclito, el Espíritu de la verdad, él os guiará a toda la verdad; porque no hablará por su cuenta, sino que dirá lo que oiga, y os anunciará lo que ha de venir. (Juan 16:7-13) Según los cristianos, este Paráclito es "el Espíritu Santo" o "el Espíritu de la verdad", como indica claramente el texto. Pero esta creencia se contradice con las otras palabras del mismo pasaje evangélico, que afirman que el Paráclito: "no hablará de sí mismo", "dirá todo lo que oiga", "anunciará las cosas futuras" y "convencerá al mundo del pecado". Ahora bien, "hablar", "oír", "proclamar" o "convencer" son atributos de un ser humano, no de un espíritu, de un profeta, no del Espíritu de la verdad. Sobre todo porque el verbo "oír" en el texto francés traduce el griego "akouô", que significa percibir sonidos y que nos ha dado, por ejemplo, la palabra francesa "acoustique". Lo mismo ocurre con el verbo "hablar" en la traducción francesa, que corresponde al griego "laleô", que tiene el significado general de emitir sonidos. Esto hace decir a Maurice Bucaille en *La biblia, le Coran et la science*: "Parece, pues, que la comunicación a los hombres que aquí se menciona no consiste en modo alguno en una inspiración que sería obra del Espíritu Santo, sino que tiene un carácter material evidente por la noción de emisión de sonido que lleva la palabra griega que la define. Los dos verbos griegos akouô y laleô definen así acciones concretas que sólo pueden

27- Cada profeta fue enviado exclusivamente a su propio pueblo, mientras que yo he sido elevado a todos los hombres[1]. (*al-Bukhari* y *Muslim*)

---

referirse a un ser dotado de un órgano del oído y de un órgano del habla. Por lo tanto, aplicarlos al Espíritu Santo no es posible. Asimismo, en Juan 14:30, Jesús describe a este Paráclito como "el príncipe del mundo", una expresión que sólo puede aplicarse a un hombre. A este primer problema se añade otro. El Paráclito anunciado "no vendrá hasta que Jesús se haya ido". Afirmar que el Paráclito es el Espíritu Santo es, por tanto, afirmar que el Espíritu Santo estuvo ausente durante la vida pública de Jesús, lo que contradice el propio Evangelio (Lucas 3:21-22). Para resolver esta doble dificultad, es necesario volver al significado original de la palabra griega Parakletos y su uso fuera del Evangelio de Juan. Alexandre Westphal escribe sobre este tema en su *Diccionario Enciclopédico de la Biblia*: "El griego Parakletos designa, fuera del Nuevo Testamento, a quien es llamado como patrono de una causa, defensor, para abogar, para interceder. El *Petit Dictionnaire du Nouveau Testament* de A. Tricot también afirma: "Paráclito era un término comúnmente utilizado por los judíos helenistas del siglo I en el sentido de intercesor, defensor. Rechazando los términos "abogado" o "defensor", que tienen una connotación jurídica ausente del término Paráclito, David Pastorelli, tras un largo estudio semántico del griego Parakletos, escribe en la conclusión de su libro titulado *Le Paraclet dans le corpus johannique*: "El significado de intercesor está firmemente establecido, tanto en 1 Juan 2:1-2 como en Filón y en la literatura rabínica, cristiana primitiva y patrística."(*The Paraclete in the Johannine Corpus*, Berlín, 2006, p. 291) La traducción más exacta de Paráclito es, por tanto, "intercesor", un término que sólo es apropiado para un hombre. Sin embargo, el único hombre que, después de Jesús, se declaró profeta y fundó una religión afirmando ser el Dios de Abraham es el profeta del Islam.

[1] Así, cada profeta fue enviado sólo a su propio pueblo, incluido Jesús, que dijo: "Sólo fui enviado a las ovejas perdidas de la casa de Israel" (Mateo 15:24), mientras que el Corán muestra repetidamente la universalidad de la misión de Muhammad, como en esta aleya: "Sólo te hemos enviado por misericordia hacia la humanidad" (Corán 33:40).

28- No pienses que soy mejor que los otros profetas[1]. (*al-Bukhari*)

29- Los hombres más probados son los profetas, luego los creyentes justos, y así sucesivamente. Un hombre es probado según el nivel de su fe. Cuanto más elevada sea su fe, más se le pone a prueba. (*Tirmidhi*)

30- Todos los profetas enviados por Dios guardaron las ovejas[2]. (*al-Bukhari*)

---

[1] Ernest Renan describe la humildad del Profeta: "Había conservado la sobriedad de los modales árabes; ninguna idea de majestad. Su cama era una simple capa, y su almohada una piel rellena de hojas de dátil. Se le podía ver ordeñando sus propias ovejas, y se sentaba en el suelo para remendar sus ropas y zapatos. (*Etudes d'histoire religieuse*, Garnier, 1992, p. 188)

[2] "¿Y tú?" Sus compañeros le preguntaron en la continuación de este hadiz. Él respondió: "Yo también he cuidado las ovejas de los mecanos por unos pocos centavos. Todos los patriarcas de la Biblia, desde Abraham hasta Moisés, fueron pastores, como escribe el *Diccionario Bíblico Vigouroux:* "Los patriarcas de la descendencia de Set fueron todos grandes pastores. Abraham y Lot poseían rebaños tan grandes que sus pastores no podían vivir juntos en la misma región, y los dos patriarcas se vieron obligados a separarse. Gen. XIII, 7, 8. La misma disputa surgió más tarde, por el uso de un pozo, entre los pastores de Isaac y los del valle de Gerah, en el país filisteo. Gen. XVI, 20. Jacob estaba apacentando los rebaños de Labán. Gen. XXIX, 18. También se sabe que Moisés guardaba las ovejas de su suegro, Jetro. Fue en el desierto, donde conducía sus rebaños, donde Moisés escuchó por primera vez la llamada del Señor y recibió la visita del ángel (Éxodo 3:1-2). El rey David fue pastor antes de llegar al trono, al igual que Amos antes de convertirse en profeta de Dios. Y aunque los Evangelios no indican que Jesús cuidara ovejas, se describe a sí mismo como pastor en la parábola del "buen pastor", donde dice: "Yo soy el buen pastor". (Juan 10:11)

31- Nosotros, los profetas, no dejamos nada como herencia: lo que dejamos se convierte en una limosna[1]. (*Tirmidhi*)

El último día

Esto es ciertamente una lección para cualquiera que tema el castigo del Último Día, el solemne Día en el que todas las criaturas se reunirán y ninguna dejará de responder a la llamada[2].

1- En el Último Día, vuestro Señor hablará con cada uno de vosotros sin intérprete. Y mirarás a tu derecha, donde sólo verás tus buenas acciones, y mirarás a tu izquierda, donde sólo verás tus malas acciones, y mirarás delante de ti, donde sólo verás el Fuego delante de ti. Por lo tanto, manténganse alejados del infierno, aunque sólo sea medio dátil dado como limosna. Y quien no lo encuentre, que se contente con hablar bien a los demás. (*al-Bukhari* y *Muslim*)

2- Dios no hablará a tres tipos de personas en el Último Día, no las mirará, no las purificará de sus pecados y sufrirán un castigo doloroso: el anciano que fornica, el gobernante mentiroso y el miserable orgulloso[3]. (*Muslim*)

3. Serás resucitado y reunido ante Dios Todopoderoso, descalzo, sin ropa y sin circuncidar. "Como hicimos la primera creación, lo

---

[1] El historiador francés Henry de Castries (1850-1927) escribió sobre Muhammad: "Su herencia, consistente en una casa construida con sus propias manos y unos cuantos camellos, fue devuelta al erario público, pues había dicho: 'Un profeta no deja herencia a su familia'. (*L'Islam: impresiones y estudios*, A. Colin, París, 1907, p. 61)

[2] Corán 11, 103.

[3] Nada debe llevar a un anciano a entregarse al pecado de la carne, a un gobernante a mentir y a un pobre a ser orgulloso.

haremos de nuevo.[1] El primero en ser vestido en el Último Día será Abraham. Los hombres de mi nación serán traídos y llevados a la izquierda[2]. Entonces exclamaré: "¡Señor! Mis compañeros", pero me dirán: "No sabes lo que han inventado después de ti. Entonces diré como Jesús, el siervo justo: "Fui testigo de su comportamiento mientras viví entre ellos. Luego, cuando te apoderaste de mi alma, fuiste el observador vigilante de sus acciones, Tú que eres el testigo de todas las cosas. Si decides castigarlos, están, como siervos, sujetos a Tu voluntad, y si decides perdonarlos, lo harás en virtud de Tu omnipotencia y sabiduría infinita."[3] Me dirán: "No han dejado de apartarse de Tu camino desde que los dejaste". (*al-Bukhari* y *Muslim*)

4- ¡Apresúrate a hacer buenas obras! ¿Esperas que te lo impida alguna de estas siete calamidades: la pobreza que te hace olvidar todo, la riqueza que te lleva a pecar, la enfermedad que te carcome el cuerpo, la senilidad que te hace desvariar, la muerte súbita, el Anticristo que es el peor mal que ha de venir, o la Hora que será más terrible y amarga aún? (*Tirmidhi*)

5- Nadie podrá moverse en el Último Día hasta que haya sido interrogado sobre cuatro cosas: su vida, a qué la ha dedicado; su conocimiento, cómo lo ha aplicado; su propiedad, cómo la ha adquirido y gastado; y su cuerpo, para qué lo ha utilizado. (*Tirmidhi*)

---

[1] Corán 21, 104.

[2] En el infierno.

[3] Corán 5:117-118.

Destino

Nuestro Señor es quien asignó a cada criatura su propia naturaleza antes de guiarla hacia lo que Él ha predestinado para ella[1].

1- En verdad, Dios escribió el destino de Sus criaturas cincuenta mil años antes de crear los cielos y la tierra.

2- Cada uno de vosotros se forma en el útero durante cuarenta días primero como una cantidad insignificante de esperma. A continuación, se convierte en un cuerpo aferrado al vientre materno durante un período similar, y luego en un feto durante un período similar. Es entonces cuando Dios le envía el ángel que le insufla vida con órdenes de anotar cuatro cosas: su sustento, la duración de su vida, sus obras y si estará entre los condenados o los bienaventurados. ¡Lo juro por el único Dios que tiene derecho a ser adorado! Puede ser que uno de vosotros haga las obras de los elegidos en el Paraíso, del que está muy cerca. Entonces se ve atrapado por su destino y comete los actos de los condenados en el infierno, donde acabará entrando. Del mismo modo, uno de vosotros puede cometer las acciones de los condenados en el Infierno, del que está cerca. Entonces es alcanzado por su destino y realiza las acciones de los elegidos en el Paraíso, donde finalmente entrará. (*al-Bukhari* y *Muslim*)

3- El creyente que es firme en su fe y decidido es más querido por Dios que el creyente que carece de firmeza, pero en ambos hay bien. Busca lo que te es útil implorando la ayuda de Dios, y no te rindas nunca. Y si te ocurre algo malo, no digas: "Si hubiera hecho esto, habría pasado esto", sino: "Esto es lo que Dios, que actúa

---

[1] Corán 20:50.

como le parece, ha planeado para mí". Los "si" abren la puerta a Satanás (*Muslim*).

4- Al que esté entre los bienaventurados se le facilitarán las obras de los bienaventurados, y al que esté entre los réprobos se le facilitarán las obras de los réprobos. (*al-Bukhari* y *Muslim*)

5- Observa las reglas de Dios, Él te protegerá. Sigue los mandamientos de Dios, lo encontrarás siempre contigo. Si necesitas pedir algo, pídelo a Dios y si necesitas pedir ayuda, pídela a Dios. Y sabed que si toda la nación se reuniera para traeros un beneficio, sólo os traería lo que Dios ha predestinado para vosotros. Y si se reunieran para causarte daño, sólo te causarían el daño que Dios ha preordenado para ti. Las calams se han levantado y la tinta se ha secado (*Tirmidhi*).

6- Guarda los mandamientos de Dios, lo encontrarás siempre contigo. Acuérdate de Dios en los momentos fáciles, y Él se acordará de ti en los momentos difíciles. Sabed que lo que no os alcanzó no pudo llegar a vosotros y que lo que os alcanzó no pudo llegar a vosotros. Y sabed que la victoria se consigue con la constancia, que el alivio viene después del sufrimiento, y que no hay prueba que no vaya seguida de la liberación. (*Tirmidhi*)

7- El siervo de Dios no tendrá verdaderamente fe hasta que crea la predestinación, sean sus consecuencias favorables o desfavorables, y hasta que tenga la íntima convicción de que lo que le ha llegado no podría haberle fallado, mientras que lo que le ha fallado no podría haberle llegado en absoluto (*Tirmidhi*).

8- Si algo pudiera cambiar el destino, sería el mal de ojo (*Tirmidhi*)

El Paraíso

A los que creen, realizan buenas acciones y se someten humildemente a su Señor se les promete el Paraíso, donde morarán por la eternidad[1].

1- El lugar más pequeño del Paraíso es mejor que este mundo y todas sus riquezas. (*al-Bukhari*)

2- El Paraíso está más cerca de uno de vosotros que la correa de su sandalia y también lo está el Infierno (*al-Bukhari*).

3- El cielo y el infierno discutidos. El infierno dijo: "Sólo recibo a los arrogantes y a los orgullosos. El Paraíso respondió: "Sólo recibo a los humildes y a los pobres. Dios dijo: "Tú, Paraíso, eres mi misericordia, que concedo a quien quiero. Y tú, Infierno, eres mi castigo que inflijo a quien quiero. Soy responsable de llenarlos a ambos. (*Muslim*)

4- Cuando los elegidos del Paraíso hayan entrado en él, un heraldo les llamará: "Viviréis eternamente sin morir jamás, estaréis eternamente sanos sin enfermar jamás, conservaréis la eterna juventud sin llegar a la vejez, y disfrutaréis de la eterna felicidad sin experimentar jamás la desgracia."(*Muslim*)

5- Cuando los elegidos del Paraíso hayan entrado en él, Dios les dirá: "¿Deseáis algo más? Responderán: "¿No has iluminado nuestros rostros? ¿No nos has llevado al Paraíso y nos has salvado del Infierno? Entonces Dios levantará el velo y nada les parecerá más sublime que poder contemplar a su Señor[2]. (*Muslim*)

6- Hay en el Paraíso lo que ningún ojo ha visto, ningún oído ha escuchado y ninguna mente humana puede imaginar. (*al-Bukhari*)

---

[1] Corán 20:50.

[2] Entonces, según el compañero que reportó este hadiz, el Profeta recitó el siguiente verso: "Para aquellos que han hecho bien, hay la mayor recompensa y más. (Corán 10:26).

7- Los pobres entrarán en el Paraíso quinientos años antes que los ricos[1]. (*Tirmidhi*)

El Infierno

Los impíos que niegan nuestros signos están condenados al fuego del infierno donde permanecerán por la eternidad[2].

1- El infierno está velado por las pasiones y el paraíso por las limitaciones de la religión[3]. (*al-Bukhari* y *Muslim*)

2- En el Último Día, se traerá de entre los condenados del Infierno al hombre que más ha disfrutado de este mundo. Será empapado una vez en el infierno antes de que se le pregunte: "¿Has conocido la felicidad? ¿Has disfrutado alguna vez de algún placer? "No", responderá. Entonces el hombre que ha sido el más miserable en la tierra será llevado de entre los elegidos al Paraíso. Se empapará una vez en el Paraíso antes de que le pregunten: "¿Has conocido la miseria? ¿Ha sufrido alguna vez alguna desgracia? "No", responderá[4]. (*Muslim*)

3- El condenado del Infierno que sufrirá el tormento más leve en el Último Día es un hombre al que se le aplicarán dos carbones calientes en las plantas de los pies, que le harán hervir el cerebro.

---

[1] Hadiz que debe compararse con las palabras de Jesús: "Os digo que es más fácil que un camello pase por el ojo de una aguja que un rico entre en el reino de Dios". (Mateo 19:24)

[2] Corán 2:39.

[3] El placer derivado de la complacencia de pasiones y deseos prohibidos impide a los hombres ver las terribles consecuencias: el infierno. Del mismo modo, la austeridad de los deberes religiosos impide a los hombres ver el resultado feliz: el Paraíso.

[4] La prueba de que esta vida -su felicidad y su desgracia- no vale nada.

Estará convencido de que nadie sufre un tormento peor, cuando en realidad su tormento será el más leve. (*al-Bukhari* y *Muslim*)

4- ¿Quieres saber quiénes son los condenados del infierno? Toda persona dura, codiciosa y orgullosa (*al-Bukhari* y *Muslim*)

5- El fuego del infierno es sesenta y nueve veces más intenso que el fuego de este mundo (*al-Bukhari* y *Muslim*)

6- Dios sacará a algunas personas del Infierno y las llevará al Paraíso[1]. (*Muslim*)

Muerte

Cuando la muerte llega a uno de ellos, nuestros enviados[2] recuperan su alma sin faltar nunca a su deber[3].

1- Tres acompañan al difunto a su tumba: su familia, sus posesiones y sus obras. Dos regresan: su familia y sus posesiones, sólo sus obras permanecen con él (*al-Bukhari* y *Muslim*)

2- Visita los cementerios, pues las tumbas te recuerdan la muerte (*Muslim*)

3- Que ninguno de vosotros desee la muerte a causa de una prueba que está sufriendo. Si realmente tiene que hacerlo, que diga: "¡Dios mío! Prolongad mi vida mientras sea mejor que siga vivo, y hacedme morir si es mejor que muera". (*al-Bukhari* y *Muslim*)

---

[1] Ya hemos demostrado que algunos creyentes entrarán en el infierno donde serán purificados de sus pecados antes de poder entrar en el paraíso. En cuanto al incrédulo, según la creencia musulmana, permanecerá en el infierno para siempre.

[2] Los ángeles de la muerte.

[3] Corán 6:61.

4- Apresúrate a enterrar al muerto, pues si era justo, lo llevas a un gran bien, y si no lo era, te alivias de una carga maligna. (*al-Bukhari* y *Muslim*)

5- Cuando un hombre muere, sus buenas acciones cesan excepto tres: la limosna continua[1], el conocimiento que beneficia a la gente o un hijo justo que reza por su salvación. (*Muslim*)

6- Los muertos son atormentados en sus tumbas por los que se lamentan por ellos (*al-Bukhari* y *Muslim*)

7- Cuando veas pasar un cortejo fúnebre, ponte de pie hasta que haya pasado por delante de ti. (*al-Bukhari*)

8- Haz que tus moribundos repitan la afirmación de que no hay más dios que Dios al que adorar (*Muslim*).

9- Piensa con frecuencia en lo que pondrá fin a todos tus placeres[2]. (*Tirmidhi*)

---

[1] Como un hospital construido para los pobres, o un pozo excavado en África. El benefactor nunca deja de ser recompensado, incluso después de su muerte, mientras los pobres y necesitados se beneficien de ese hospital o pozo.

[2] Es decir, la muerte.

Ética musulmana

Trata bien a tu padre y a tu madre, a tus parientes cercanos, a los huérfanos, a los necesitados, a tus vecinos, cercanos y lejanos, a tus compañeros, a los viajeros necesitados y a tus esclavos. Dios no ama a los orgullosos y engreídos (Corán 4:36).

Amor al prójimo

El Más Bondadoso otorgará su amor y el de sus siervos a los creyentes que realicen buenas obras[1].

1- No entraréis en el Paraíso hasta que tengáis fe y no tendréis verdaderamente fe hasta que os améis unos a otros. ¿Quieres que te diga una cosa que haga surgir el amor entre vosotros? Saluda a los demás[2]. (*Muslim*)

2- Que unos den regalos a otros, provocará el amor entre vosotros. (*Ahmad*)

3- Si un hombre ama a su prójimo, que se lo diga. (*Abū Dawūd* y *Tirmidhi*)

4- Ninguno de vosotros tendrá verdaderamente fe hasta que ame para su prójimo lo que ama para sí mismo[3]. (*al-Bukhari* y *Muslim*)

---

[1] Corán 19, 96.

[2] Se anima al musulmán a comportarse de tal manera que su prójimo le aprecie y le ame. Saluda a la persona que encuentra en la calle, la conozca o no, y hace regalos a sus conocidos, como indica el hadiz que sigue inmediatamente. El musulmán no sólo debe ser amado por sus hermanos con su comportamiento, sino que también debe declararles su amor, como indica el tercer hadiz de este capítulo.

[3] El musulmán no sólo debe hacerse amar por sus correligionarios, amarlos y anunciárselo, sino también amar por ellos lo que ama por sí mismo. Esta caridad musulmana representa, sin duda, el grado más alto de la fe, como indican las

5- En el Último Día, el hombre estará con los que ha amado en este mundo (*al-Bukhari* y *Muslim*).

6- Que quien desee salvarse del infierno y entrar en el paraíso, muera creyendo en Dios y en el Último Día, y que trate a los demás como le gustaría ser tratado. (*Muslim*)

7- Quien alivia el dolor de un creyente en este mundo, Dios aliviará su dolor en el Último Día. Quien ayude a una persona en deuda, Dios le ayudará aquí y en el Más Allá. Quien cubra las faltas y pecados de un musulmán, Dios cubrirá sus faltas y pecados en este mundo y en el Más Allá. Dios apoya a su siervo siempre que apoye a su hermano creyente (*Muslim*).

8- Mientras un hombre caminaba, encontró zarzas en el camino y las quitó. Dios le recompensó por ello perdonándole sus pecados. (*al-Bukhari* y *Muslim*)

9- El musulmán es el hermano del musulmán. No puede ser injusto con él ni abandonarlo a sus enemigos. Dios provee las necesidades del que provee a su prójimo. (*al-Bukhari* y *Muslim*)

10- El musulmán es el hermano del musulmán. No puede traicionarle, mentirle o abandonarle. Todo en el musulmán es sagrado para los demás musulmanes: su honor, su propiedad y su sangre. Aquí la piedad es[1]. Basta que un musulmán cometa un pecado para despreciar a su hermano. (*Tirmidhi*)

---

palabras del Profeta: "nadie tendrá verdaderamente fe", al igual que la caridad cristiana constituye la mayor de las tres virtudes teologales. Estas palabras del Profeta parecen ser de otro tiempo, en una época en la que el individualismo y el egoísmo se han convertido en la norma.

[1] El Profeta se señaló el corazón.

11- Ayudar a una persona ciega o con discapacidad visual es un acto de caridad. (*Tirmidhi*)

12- Adora a Dios sin asociarle nada, realiza las oraciones obligatorias, paga la limosna legal, ayuna en el mes de Ramadán, trata a los demás como te gustaría que te trataran a ti, y protégelos del mal que no querrías sufrir tú. (*Ahmad*)

Piedad filial

Adora a Dios exclusiva y sinceramente. Trata a tu padre y a tu madre con amabilidad[1].

1- La obra más meritoria es realizar la oración a la hora prescrita y tratar al padre y a la madre con amabilidad[2]. (*Muslim*)

2- ¡Honni! ¡Qué vergüenza! Se avergüenza aquel cuyos padres, o uno de ellos, llega a la vejez en vida, y sin embargo no entra en el Paraíso. (*Muslim*)

3- Nadie puede estar suficientemente agradecido a su padre o a su madre a menos que encuentre a uno de ellos en estado de esclavitud, entonces lo redime y lo libera (*Muslim*).

4- Dios os ha prohibido provocar la ira de vuestras madres, negaros a cumplir con vuestros deberes mientras reclamáis lo que

---

[1] Como en esta aleya, la obligación de tratar bien al padre y a la madre se asocia muy a menudo en el Corán con la obligación de adorar al Señor de forma exclusiva y sincera. Porque si Dios es nuestro Creador, nuestros padres son el origen de nuestra venida a la tierra. La piedad filial es, por tanto, una de las principales cualidades que se exigen al musulmán. Y si hemos precedido este capítulo con el dedicado al amor al prójimo, que se sepa que nuestros padres merecen nuestro amor más que nadie.

[2] Este hadiz está relacionado con la aleya mencionado al principio de este capítulo, ya que la oración es la práctica principal del culto musulmán, por la que el musulmán será el primero en ser interrogado y juzgado en el Último Día.

no os corresponde, y enterrar vivas a vuestras hijas[1]. Dios también odia los "rumores", las preguntas insistentes y el despilfarro (*al-Bukhari* y *Muslim*).

La -5satisfacción del Señor se obtiene por la satisfacción del padre y de la madre, y la ira del Señor es causada por la ira del padre y de la madre. (*Tirmidhi*)

6- Dios te encomienda a tus madres, luego a tus padres, y después al resto de tu familia, empezando por tus parientes más cercanos. (*Ibn Majah*)

Honrar a las personas mayores

Es Dios quien os ha creado, haciéndoos, desde el momento de vuestra concepción, seres particularmente débiles. Luego, a esta debilidad, da paso al vigor, que va disminuyendo poco a poco, haciendo que finalmente seáis ancianos sin fuerza. Él crea lo que quiere, Él que es Omnisciente, Omnipotente[2].

1- El que va a caballo debe saludar primero al que va a pie, éste debe saludar al que está sentado, el grupo pequeño debe saludar primero al grupo más grande, y los más jóvenes deben saludar a los mayores. (*al-Bukhari* y *Muslim*)

2- Algunos de ustedes postergan a otros. Quien dirige la oración no debe hacerla demasiado larga, pues los ancianos, los niños y los más necesitados rezan detrás de él (*al-Bukhari* y *Muslim*).

---

[1] Una práctica de la Arabia preislámica también condenada por el Corán: "Cuando se anuncia a uno de ellos el nacimiento de una hija, su rostro se ensombrece mientras se esfuerza por contener su rabia. Se aleja de la vista, avergonzado por esta noticia abrumadora. ¿La dejará vivir a pesar de la deshonra o la enterrará viva?" (Corán 16:58-59) El Profeta contrarrestó esta práctica preislámica diciendo: "Quien críe a tres hijas con bondad y luego las case, obtendrá el Paraíso como recompensa."

[2] Corán 30, 54.

3- No es de los que no muestran misericordia con el más pequeño y no reconocen el rango del más grande. (*Abū Dawūd* y *Tirmidhi*)

4- Ningún joven honra a un anciano por su edad, a menos que Dios le asigne alguien que lo honre en su vejez (*Tirmidhi*).

5- Honrar al musulmán de pelo blanco y al que es versado en el Corán -sin exagerar, ni fallar- así como al gobernante justo, es una forma de glorificar a Dios (*Abū Dawūd*).

La delicadeza con las mujeres

Las mujeres tienen derechos sobre sus maridos equivalentes a sus deberes hacia ellos, de acuerdo con la costumbre[1].

1- Os recomiendo que tratéis bien a vuestras esposas[2]. (*al-Bukhari* y *Muslim*)

---

[1] Corán 2:228.

[2] Gracias a estas palabras, el Islam ha podido elevar la condición de la mujer, como afirma el antropólogo y sociólogo francés Gustave Le Bon: "Ha tenido una influencia considerable en la condición de la mujer en Oriente. Lejos de rebajarlas, como se repite ciegamente, al contrario, ha elevado considerablemente su estatus social y su papel. El Corán, como he demostrado al examinar el derecho de sucesión entre los árabes, los trata mucho mejor que la mayoría de nuestros códigos europeos. Más adelante, afirma: "Fue de los árabes, como hemos visto, que los habitantes de Europa tomaron prestado, junto con las leyes de la caballería, el respeto galante hacia las mujeres que estas leyes imponían. Por lo tanto, no fue el cristianismo, como se cree generalmente, sino el Islam el que elevó a las mujeres de la posición inferior en la que se encontraban hasta entonces. Los señores de la Alta Edad Media, por muy cristianos que fueran, no profesaban ningún respeto por ella. La lectura de nuestras antiguas crónicas no deja lugar a dudas sobre este punto. Antes de que los árabes enseñaran a los cristianos a tratar a las mujeres con respeto, nuestros rudos guerreros de la época feudal las maltrataban con mucha dureza. En conclusión, repite: "Podemos concluir, pues, repitiendo lo que hemos dicho más arriba, que lejos de haber rebajado a las mujeres, el islamismo las ha elevado

2- Que al creyente no le desagrade su esposa creyente. Si no le gusta uno de sus rasgos, le gustará otro. (*Muslim*)

3- El mejor de vosotros es el que se comporta mejor con su mujer, y yo soy el que entre vosotros trata mejor a su mujer (*Tirmidhi*)

4- Los creyentes cuya fe es más completa son los que tienen el carácter más noble, y los mejores de vosotros son los que tratan mejor a sus esposas. (*Tirmidhi*)

5- Nadie entre vosotros tiene tres hijas o tres hermanas a las que trata con bondad sin entrar en el Paraíso (*Tirmidhi*).

Benevolencia hacia los débiles[1]

Trata bien a tu padre y a tu madre, a tus parientes cercanos y a los huérfanos[2].

---

considerablemente. Por otra parte, no somos los primeros en apoyar esta opinión, ya defendida por Caussin de Perceval y, más recientemente, por M. Barthélemy Saint-Hilaire. El Islam ha elevado la condición de la mujer, y podemos añadir que es la primera religión que la ha elevado. Es fácil demostrarlo mostrando lo mal que han tratado a las mujeres todas las religiones y pueblos que precedieron a los árabes. (*La civilisation des Arabes,* Gustave Le Bon, La Fontaine au Roy, 1990)

[1] Gustave Le Bon describe el modo en que la moral caballeresca de los musulmanes influyó en Europa: "Además de su gran tolerancia, los árabes españoles tenían una moral muy caballeresca. Esas leyes de la caballería: respetar a los débiles, ser generoso con los vencidos, cumplir religiosamente la palabra dada, etc, que las naciones cristianas adoptaron más tarde, y que acabaron ejerciendo una acción más poderosa sobre las almas que la de la propia religión, fueron introducidas por ellas en Europa. Entre estas reglas de caballería heredadas de los musulmanes estaba la defensa de la viuda y el huérfano.

[2] Corán 4:36.

1- El que apoya a la viuda y al necesitado es como el que lucha por la causa de Dios, o el que pasa las noches en oración sin cansarse y ayuna sin parar. (*al-Bukhari* y *Muslim*)

2- El hombre que cuide de un huérfano y yo estaremos en el Paraíso como estos dos dedos[1]. (*al-Bukhari*)

3- Pagar el rescate de los cautivos, responder a las invitaciones e ir a la cabecera de los enfermos. (*al-Bukhari*)

4- El que, por voluntad de Dios, tiene a uno de sus hermanos bajo su autoridad debe alimentarlo con lo que él mismo come y vestirlo con lo que él mismo viste. Además, que no le cargue con tareas que no pueda soportar. Y si no puede hacer otra cosa, que le ayude a hacerlas. (*al-Bukhari*)

5- El esclavo tiene derecho a su comida y a su ropa, y no se le deben encomendar tareas que estén por encima de sus fuerzas. (*Muslim*)

6- Quien abofetea o golpea a su esclavo debe expiar su acto dejándolo libre[2]. (*Muslim*)

[1] El Profeta unió sus dedos índice y corazón.

[2] Más que ninguna otra religión, el Islam ha animado a los musulmanes a liberar esclavos. Aquí vemos que el simple hecho de abofetear a un esclavo obliga a su amo a liberarlo, mientras que, según la ley mosaica, un esclavo golpeado sólo debía ser liberado si perdía un ojo o un diente. Además, el Corán anima a los hombres a liberar a los esclavos, ya sea como expiación por un pecado, como el asesinato involuntario (Corán 4:92) o la violación de un juramento (5:89), o por pura caridad, como en esta aleya, que estipula que las limosnas legales deben utilizarse, entre otras cosas, para liberar a los esclavos: "Las limosnas legales están reservadas a los pobres, a los necesitados, a los responsables de su recaudación, a los que hay que ganar el corazón, a la liberación de los esclavos y a la redención de los cautivos... "(9, 60) o este otro pasaje coránico que anima a los musulmanes a liberar a los esclavos: "¡Si el hombre emprendiera el difícil

7- Ayudar a una persona ciega o con discapacidad visual es un acto de caridad. (*Tirmidhi*)

8- Os prohíbo que os aprovechéis de la debilidad de las mujeres y de los huérfanos para tratarlos injustamente. (*Ibn Majah*)

9- Que el que quiera hacer su corazón más sensible alimente al pobre y acaricie al huérfano (*Ahmad*)

Respeto a los vecinos

Trata bien a tu padre y a tu madre, a tus parientes cercanos, a los huérfanos, a los necesitados, a los vecinos, a los cercanos y a los lejanos[1].

1- Que quien crea en Dios y en el Último Día no perjudique a su prójimo (*al-Bukhari* y *Muslim*)

2- Nadie tendrá verdaderamente fe hasta que ame para su prójimo lo que ama para sí mismo (*Muslim*).

3- No entrará en el Paraíso aquel cuyos vecinos no estén a salvo de su malicia. (*Muslim*)

4- ¡Mujeres musulmanas! Que ninguna de vosotras desdeñe dar un regalo a su vecina, aunque sólo sea una pata de oveja. (*al-Bukhari* y *Muslim*)

5- Cuando prepares un guiso, ponle mucha salsa para que puedas llevárselo a tus vecinos. (*Muslim*)

6- Que nadie prohíba a su vecino clavar una viga en su pared (*al-Bukhari* y *Muslim*)

---

camino de su salvación! Pero ¿quién podría decirte en qué consiste este difícil camino? Para liberar a un esclavo, o para alimentar, a pesar del hambre, a un familiar huérfano o a un pobre necesitado. (Corán 90:11-16)

[1] Corán 4:36.

7- El ángel Gabriel me recomendó tanto a los vecinos que pensé que se les daría una parte de la herencia. (*al-Bukhari* y *Muslim*)

Ir a la cabecera

Sólo adoro al Señor de la Creación, que me creó y me guía hoy, que sacia mi hambre y apaga mi sed y que, cuando caigo enfermo, me cura[1].

1- Acude a la cabecera del enfermo, da de comer al hambriento y paga el rescate de los cautivos. (*al-Bukhari*)

2- Los derechos del musulmán sobre otros musulmanes son cinco: responder a su saludo, ir a su cabecera, acompañar su cuerpo, aceptar su invitación y decir: "Que Dios se apiade de ti" cuando estornude. (*al-Bukhari* y *Muslim*)

3- Haz que tus moribundos repitan la declaración de fe: "No hay más deidad digna de adoración que Dios". (*Muslim*)

4- Ir a la cabecera de los enfermos y acompañar a los muertos, te hará pensar en el Más Allá. (*Ahmad*)

Amabilidad con los animales

¿No sabes que todas las criaturas de los cielos y de la tierra adoran a Dios, así como el sol, la luna, las estrellas, las montañas, los árboles, los animales y muchos de los pueblos[2].

1- Mientras un hombre caminaba por un camino, tuvo mucha sed. Encontró un pozo y bajó a saciar su sed. Al salir del pozo, vio a un perro que jadeaba y lamía la tierra mojada porque tenía mucha sed. El hombre se dijo: "Este perro tiene tanta sed como yo antes. Bajó al pozo, llenó su zapato de agua, subió sosteniéndolo por la

---

[1] Corán 26, 77-80.

[2] Corán 22:18.

boca y le dio agua al perro. Dios le recompensó por ello perdonándole sus pecados. (*al-Bukhari* y *Muslim*)

2- Cualquier acto de bondad hacia cualquier ser vivo será recompensado[1]. (*al-Bukhari* y *Muslim*)

Generosidad

Sólo alcanzarás la piedad cuando ofrezcas en caridad las cosas más queridas. Y no harás ningún gasto sin el conocimiento de Dios[2].

1- La mano superior, el dador, es mejor que la mano inferior, el demandante. Empieza por gastar en los que están a tu cargo y sabe que no hay mejor limosna que la que se da del excedente de tus bienes. (*al-Bukhari*)

2- Si tuviera una montaña de oro, no me gustaría quedarme con una onza de él durante tres días seguidos, excepto para pagar una deuda. (*al-Bukhari* y *Muslim*)

3- La comida de dos personas es suficiente para tres y la de tres para cuatro (*al-Bukhari* y *Muslim*)

---

[1] El Profeta respondió a la pregunta de sus compañeros: "¿También seremos recompensados por nuestros actos de bondad con los animales? Montgomery Watt escribe en su biografía de Muhammad: "Su bondad se extendía incluso a los animales, lo cual es notable para la época en que vivió y para esa parte del mundo."(*Muhammad*, Ediciones Payot, 1959, p. 600) Una opinión confirmada por el escritor irlandés George Bernard Shaw: "Las enseñanzas del profeta Muhammad sobre el lugar de las mujeres y la consideración hacia las niñas, pero también sobre la compasión hacia los animales, estaban muy por delante de la visión cristiana occidental, e incluso de la moderna". (*Developing Human Rights Jurisprudence*, Commonwealth Secretariat, 5/159)

[2] Corán 3:92.

4- Quien quiera que Dios le preserve de las penas del Último Día, que conceda una prórroga al deudor en dificultades o renuncie a todos o parte de sus derechos. (*Muslim*)

5- Que quien crea en Dios y en el Último Día reciba a sus invitados con generosidad (*al-Bukhari* y *Muslim*)

6- El creyente está lleno de ingenuidad, tiene un carácter elevado y está inclinado a la generosidad, mientras que el malvado está lleno de malicia y vicio, y está inclinado a la codicia (*Abū Dawūd* y *Tirmidhi*)

Nobleza de carácter

Usted es, de hecho, del más alto carácter[1].

1- La virtud es la nobleza de carácter y el vicio es aquello que te hace sentir mal y que no te gustaría que la gente descubriera (*Muslim*).

2- Los que tienen el carácter más noble están entre los mejores de vosotros. (*al-Bukhari* y *Muslim*)

3- Los más nobles de vosotros antes del Islam son los más nobles en el Islam una vez que han comprendido sus enseñanzas. (*al-Bukhari* y *Muslim*)

4- Dios no mira su apariencia o su riqueza, sino que mira sus corazones y sus acciones. (*Muslim*)

5- Los creyentes cuya fe es más completa son los que tienen el carácter más noble, y los mejores de vosotros son los que mejor tratan a sus esposas. (*Tirmidhi*)

---

[1] Corán 68:4.

6- Por la grandeza de su carácter, el creyente alcanza el grado del que ayuna de día y pasa las noches en oración. (*Abū Dawūd*)

7- En el Último Día, nada pesará más en la balanza del creyente que la nobleza de su carácter y su buen comportamiento. (*Abū Dawūd* y *Tirmidhi*)

8- Garantizo una morada en las afueras del Paraíso a quien ponga fin a una disputa, aunque tenga razón, una morada en el centro del Paraíso a quien se abstenga de mentir incluso en broma, y una morada en los grados más altos del Paraíso a quien tenga un carácter noble. (*Abū Dawūd*)

9- Los que tienen el carácter más noble están entre los más queridos para mí y estarán más cerca de mí en el Último Día. En cuanto a aquellos por los que siento mayor aversión y que estarán más alejados de mí el Día de la Resurrección, son los habladores, los grandilocuentes y los arrogantes. (*Tirmidhi*)

10- No he sido enviado sino para perfeccionar los caracteres nobles. (*Ahmad*)

Compasión[1]

He aquí que ha llegado a vosotros un Mensajero de entre vosotros, sensible a vuestros sufrimientos, deseoso de que abracéis la fe y lleno de compasión y misericordia para los creyentes[2].

---

[1] En la primera parte de este libro, hemos mostrado la misericordia de Dios hacia sus criaturas. Aquí mencionaremos los hadices que animan a los creyentes a tener misericordia y compasión unos con otros.

[2] Corán 9:128.

1- Los creyentes son como un edificio con ladrillos que se sostienen unos a otros[1]. (*al-Bukhari* y *Muslim*)

2- Los creyentes, en su afecto mutuo, misericordia y compasión, son como un solo cuerpo: cuando uno de sus miembros se queja, todo el cuerpo responde con insomnio y fiebre. (*al-Bukhari* y *Muslim*)

3- El que no es misericordioso consigo mismo se verá privado de la misericordia de Dios (*al-Bukhari* y *Muslim*)

4- No fui enviado para maldecir a los hombres, sino por misericordia hacia ellos. (*Muslim*)

5- A veces me levanto para dirigir la oración con la intención de prolongarla, entonces oigo el llanto de un niño. Entonces decido acortarlo para aliviar a su madre [2]. (*al-Bukhari*)

6- El misericordioso obtendrá misericordia del Dios omnipotente[3]. Sed misericordiosos con los que están en la tierra, el que está en el cielo será misericordioso con vosotros. (*Abū Dawūd* y *Tirmidhi*)

---

[1] El compañero que relata este hadiz cuenta que el Profeta entrelazó sus dedos mientras decía estas palabras.

[2] Este es un signo de la misericordia del Profeta, que la mayoría de los historiadores reconocen hoy en día, como escribió Ernest Renan: "En general, Muhammad se nos presenta como un hombre amable, sensible, fiel y libre de odio. Sus afectos eran sinceros; su carácter, en general, era benévolo. Cuando se le estrechaba la mano al acercarse a él, respondía cordialmente a este abrazo, y nunca retiraba su mano primero. Saludaba a los niños pequeños y mostraba una gran ternura de corazón hacia las mujeres y los débiles. (*Etudes d'histoire religieuse*, Ernest Renan, Garnier, 1992, p. 187)

[3] Palabras muy parecidas a las atribuidas a Jesús: "Bienaventurados los misericordiosos, porque ellos alcanzarán misericordia". (Mateo 5:7)

7- Mostrad misericordia con vosotros mismos y se os mostrará misericordia, y perdonad y Dios os perdonará. (*Ahmad*)

Clemencia y magnanimidad

Abraham fue en verdad un hombre magnánimo que imploró humildemente a su Señor y volvió a él una y otra vez[1].

1- Dios es misericordioso y ama la misericordia en todas las cosas (*al-Bukhari* y *Muslim*)

2- La clemencia sólo hace que las cosas sean más bellas y su ausencia las afea. (*Muslim*)

3- El que ha sido privado de la misericordia ha sido privado de todo bien (*Muslim*)

4- Tienes dos cualidades que Dios ama: la magnanimidad y la circunspección. (*Muslim*)

5- Haz las cosas fáciles, no las hagas difíciles. Da esperanza a la gente, no la desanimes (*al-Bukhari* y *Muslim*)

6- ¡Dios mío! Quien ejerza alguna autoridad sobre los musulmanes y los trate con severidad, trátalo con la misma severidad, y quien muestre misericordia con ellos, trátalo con la misma misericordia. (*Muslim*)

7- Los peores pastores son los que se comportan brutalmente con su rebaño[2]. Cuidado con ser como ellos. (*Muslim*)

8- En el Último Día, uno de sus siervos será presentado a Dios y Él le preguntará: "¿Qué obras has hecho por mí en tu vida? Responderá: "¡Señor! No he hecho ningún trabajo para ti en mi vida

---

[1] Corán 11:75.

[2] En otras palabras: los peores líderes son los que tratan con dureza a los hombres y mujeres bajo su autoridad.

por el que pudiera esperar tu recompensa. Repetirá estas palabras tres veces antes de añadir: "¡Señor! Me has dado riqueza. Así que era un comerciante indulgente: era comprensivo con los acomodados y daba un retraso a los que tenían dificultades."Dios Todopoderoso dirá: "Soy más digno de esta indulgencia que cualquier otro, entra en el Paraíso". (*al-Bukhari* y *Muslim*)

9- No hagas daño a nadie, ni siquiera a quien te ha hecho daño (*Ibn Majah*)

Humildad y afabilidad

Los siervos del Más Bondadoso son aquellos que caminan humildemente y con dignidad en la tierra y que, cuando los ignorantes se dirigen a ellos con palabras hirientes, responden con palabras amables[1].

1- Dios me ha revelado que debéis ser humildes unos con otros para que nadie desprecie a otro ni sea injusto con él (*Muslim*).

2- ¿Quieres saber quiénes son los elegidos en el Paraíso? Todo ser débil y humilde que, si jurara por Dios, se vería ciertamente liberado de su juramento. ¿Y quieres saber quiénes son los condenados del infierno? Toda persona dura, codiciosa y orgullosa (*al-Bukhari* y *Muslim*).

3- Ninguna limosna ha disminuido nunca la riqueza del que la da. Y Dios sólo aumenta el honor de quien perdona a los demás. Y nadie se rebaja por Dios[2] sin que Dios lo eleve en este mundo y en el Más Allá. (*Muslim*)

4- No desprecies ninguna buena acción, ni siquiera saludar a tu hermano con una cara sonriente (*Muslim*).

---

[1] Corán 25:63.

[2] O: ante Dios.

5- Protéjanse del Fuego, aunque sólo sea medio dátil dado como limosna. Y quien no lo encuentre, que se conforme con una buena palabra (*al-Bukhari* y *Muslim*).

6- Da comida a los necesitados y saluda a los que encuentres, los conozcas o no[1]. (*al-Bukhari* y *Muslim*)

7- Que nadie obligue a nadie a levantarse de su sitio para sentarse allí, sino que amplíen sus círculos para dar cabida a los nuevos. (*al-Bukhari* y *Muslim*)

8- ¿Quieres saber quién estará prohibido en el infierno? Todo hombre que sea amable, afable, gentil y fácil de llevar (*Tirmidhi*).

9- Simplicidad[2] es parte de la fe. (*Abū Dawūd*)

Modestia

Tal comportamiento avergüenza al Profeta que, por modestia, no se atreve a admitirlo ante ti[3].

1- La modestia es parte de la fe. (*al-Bukhari* y *Muslim*)

2- La modestia sólo trae el bien (*al-Bukhari* y *Muslim*)

3- Entre las palabras heredadas de los primeros profetas están estas: "Si no tienes vergüenza, haz lo que quieras. (*al-Bukhari*)

4- La indecencia no se encuentra en una cosa sin hacerla fea y el pudor no se encuentra en una cosa sin hacerla bella. (*Tirmidhi*)

5- Cada religión fomenta una cualidad particular. Esta cualidad, en el Islam, es la modestia. (*Ibn Majah*)

---

[1] Esta es la respuesta que el Profeta dio al hombre que le preguntó: "¿Cuáles son las obras más meritorias en el Islam?"

[2] En la vestimenta y la manera de vivir.

[3] Corán 33, 53.

Justicia

Dios no os prohíbe tratar con amabilidad y equidad a aquellos de entre ellos que no os han perseguido por vuestra fe ni os han obligado a exiliaros. Dios ama a los justos[1].

1- Los justos estarán en la presencia de Dios, en sillas de luz. Son aquellos que son justos en sus decisiones, hacia sus familiares y aquellos que están bajo su autoridad. (*Muslim*)

2- Los mejores de tus gobernantes son aquellos a los que amas y que te aman, y por los que rezas y que rezan por ti. Y los peores son aquellos a los que odias y te odian, y a los que maldices y te maldicen (*Muslim*).

3- Los elegidos en el Paraíso son de tres categorías: un gobernante que, por la gracia de Dios, trata a la gente con justicia, un hombre que muestra misericordia y bondad con cada pariente y cada musulmán, y un hombre que, a pesar de tener una familia numerosa, se abstiene de llegar a. (*Muslim*)

4- El juez que, tras utilizar todos los medios necesarios para llegar a una sentencia justa, consigue su objetivo, es doblemente recompensado. En cuanto al que, a pesar de sus esfuerzos, se equivoca en su juicio, sólo obtiene una recompensa. (*al-Bukhari* y *Muslim*)

5- Teme a Dios, trata a tus hijos con justicia[2]. (*al-Bukhari* y *Muslim*)

---

[1] Corán 60:8.

[2] El Profeta dirigió estas palabras a uno de sus compañeros que había hecho un regalo a uno solo de sus hijos.

6- Dale a tu empleado su salario antes de que su sudor se haya secado (*Ibn Majah*)

Paciencia

¡Tú que crees! Sé paciente y reza. Dios está con los que son firmes[1].

1- La paciencia se juzga por el primer choque[2]. (*al-Bukhari* y *Muslim*)

2- Que el que tenga paciencia sepa que Dios le ayudará a ser paciente. Y nadie ha obtenido un don mejor y mayor que la paciencia. (*al-Bukhari* y *Muslim*)

3- ¡El caso del creyente es realmente sorprendente! Todo lo que le sucede es beneficioso, lo que sólo se le da al creyente. Si le sucede algo bueno, es agradecido, lo cual es bueno para él, y si le sucede algo malo, es paciente, y eso también es bueno para él. (*al-Bukhari* y *Muslim*)

4- No hay musulmán que sea tocado por un mal, aunque sea una espina, sin que Dios le quite sus pecados, que caen como hojas de un árbol (*al-Bukhari* y *Muslim*).

5- El fuerte no es el que sabe dominar a sus oponentes, sino el que sabe dominar su ira (*al-Bukhari* y *Muslim*)

6- La recompensa es igual a la prueba, y cuando Dios ama a alguien, lo pone a prueba. Así que quien acepta la prueba obtiene la satisfacción de Dios y quien se enfada con ella obtiene Su ira (*Tirmidhi*).

---

[1] Corán 2:153.

[2] Sólo los que aceptan con resignación el decreto divino en el momento mismo de la prueba son verdaderamente pacientes.

7- El creyente y la mujer creyente nunca dejan de ser probados en sus personas y a través de sus hijos y posesiones hasta que se encuentren con Dios en el Último Día, puros de todo pecado[1]. (*Tirmidhi*)

8- El que sabe ser paciente y perdonar tiene verdadera fe (*Ahmad*)

Sinceridad y honestidad

¡Tú que crees! Teman a Dios y compórtense como hombres veraces y sinceros.[2]

1- La sinceridad conduce a la virtud y la virtud conduce al Paraíso. El hombre no deja de decir la verdad hasta que es registrado por Dios como un hombre veraz. (*al-Bukhari* y *Muslim*)

---

[1] Uno de los principales argumentos esgrimidos por los ateos contra la existencia de Dios es la supuesta injusticia de este mundo en el que, según ellos, los hombres y mujeres, y lo que es peor, los niños, son sometidos a pruebas inmerecidas. Si Dios existiera, dicen ¿cómo podría admitir toda esta injusticia? Un principio de la respuesta se encuentra en aquellos hadices que indican que el creyente es probado para ser purificado de sus pecados. En cuanto a las desgracias que a veces sufren los niños, y que pueden parecer las más chocantes, el último hadiz explica que sus sufrimientos son a veces una forma de poner a prueba a sus padres. Un verso muestra que las alegrías y las desgracias son pruebas con las que Dios pone a prueba la gratitud de la humanidad, por un lado, y su paciencia, por otro. Dios dice: "Hemos hecho de la vida una sucesión de penas y alegrías para probarte. (Corán 21:35) Otro versículo indica que, por una sabiduría que a menudo se le escapa a los hombres, una desgracia puede ser beneficiosa para quien la sufre mientras que una felicidad puede ser perjudicial para quien la disfruta: "Puede ser que te desagrade una cosa que, sin embargo, es buena para ti. Por otro lado, puede que te guste algo que es malo para ti. Dios sabe lo que es bueno para ti y tú no lo sabes. (Corán 2:216)

[2] Corán 9, 119.

2- Al final de los tiempos, los sueños de los creyentes casi nunca mentirán. Y aquellos cuyos sueños son más verdaderos son los que son más sinceros en sus palabras. (*al-Bukhari* y *Muslim*)

3- El vendedor y el comprador pueden cambiar de opinión siempre que no se hayan separado. Si fueron honestos y no ocultaron nada, su transacción está bendecida. Si, por el contrario, han mentido y ocultado, se elimina cualquier bendición de su transacción. (*al-Bukhari* y *Muslim*)

4- Renuncia a lo que te genera dudas por lo que no. Porque la sinceridad aporta serenidad, mientras que la falsedad provoca dudas. (*Tirmidhi*)

La renuncia a este mundo

La recompensa prometida por Dios a los que tienen fe y hacen el bien es mejor que todas estas riquezas. Esto está reservado sólo para aquellos que han renunciado pacientemente a este mundo[1].

1- No hay vida real, excepto el Más Allá[2]. (*al-Bukhari* y *Muslim*)

2- Estar en este mundo como un extraño o un viajero de paso. (*al-Bukhari*)

3- Este mundo es la prisión del creyente y el paraíso del incrédulo. (*Muslim*)

4- Este mundo, comparado con el Más Allá, es como lo que uno de vosotros saca del océano introduciendo su dedo en él. Pues que vea lo que puede sacar (*Muslim*).

---

[1] Corán 28, 80.

[2] Este hadiz debe compararse con las palabras de Dios: "Esta vida no es más que vanidad y juego. La verdadera vida, la vida eterna, es seguramente la vida del Más Allá. Ojalá fueran conscientes de ello" (Corán 29:64).

5- Una mujer suele casarse por una de estas cuatro razones: su riqueza, su linaje, su belleza y su piedad. Así que busca al que más se apega a la religión. (*al-Bukhari* y *Muslim*)

6- La palabra más verdadera jamás pronunciada por un poeta es la de Labid: "En verdad, todo lo que está fuera de Dios es vanidad". (*al-Bukhari* y *Muslim*)

7- Qué tengo yo que ver con este mundo. Sólo estoy aquí en la tierra como un jinete que se sentó a la sombra de un árbol y luego se fue dejándolo atrás. (*Tirmidhi*)

8- Quien se encuentre por la mañana seguro, sano y con el sustento del día, es como si el mundo entero le hubiera sido dado. (*Tirmidhi*)

9- Renuncia a este mundo, Dios te amará, y renuncia a lo que pertenece a la gente, ellos te amarán[1]. (*Ibn Majah*)

10- Los deleites de este mundo se convertirán en amargura en el Más Allá, así como la amargura de este mundo se convertirá en deleite en el Más Allá (*Ahmad*).

Contentamiento

Si se conformaran con la parte que Dios y Su Mensajero les han dado, dirían: "Dios nos basta". Él nos concederá más de sus favores, y también su Mensajero".[2]

1- El pobre no es el que llama a las puertas y sale con uno o dos bocados de comida, o uno o dos dátiles. El verdadero pobre es el que no encuentra lo suficiente para satisfacer sus necesidades, pero

---

[1] El Profeta respondió a uno de sus compañeros que le preguntó: "Muéstrame un acto que me haga ganar el amor de Dios y de los hombres".

[2] Corán 9:59.

no extiende su mano, de modo que la gente, al no sospechar su pobreza, no le da caridad. (*al-Bukhari* y *Muslim*)

2- El que se ha sometido a su Señor, que no tiene más que lo estrictamente necesario y que, por la gracia de Dios, está satisfecho con lo que ha recibido de su Creador, ha encontrado la felicidad. (*Muslim*)

3- La riqueza no está en la abundancia de bienes. No, la verdadera riqueza está en la satisfacción del alma. (*al-Bukhari* y *Muslim*)

4- Estos productos son atractivos y agradables. Son benditas para el que las ha obtenido sin codiciarlas, pero no lo son para el que las ha codiciado, que es como el que come sin quedar nunca satisfecho. (*al-Bukhari* y *Muslim*)

5- Que el que busque la abstinencia sepa que Dios le hará vivir en la abstinencia y que el que se abstenga de tender la mano sepa que Dios le pondrá por encima de la necesidad. (*al-Bukhari* y *Muslim*)

6- Es mejor que recojas leña y luego la lleves a cuestas para venderla, que solicitar a personas que pueden conceder tu petición así como rechazarte. (*al-Bukhari* y *Muslim*)

7- Bienaventurado el que ha sido guiado al Islam, que vive con lo mínimo necesario y sabe estar satisfecho con ello. (*Tirmidhi*)

Escrúpulos

José dijo: "Confíame la administración de los depósitos de la tierra, de los que seré el guardián escrupuloso y conocedor".[1]

[1] Corán 12:55.

1- Lo lícito está claro y lo ilícito también, pero en la frontera entre lo lícito y lo ilícito hay cosas dudosas que poca gente conoce. Quien renuncia a lo dudoso ha preservado su religión y su honor, pero quien comete cosas dudosas caerá necesariamente en el pecado, como el pastor que apacienta sus animales cerca de un dominio privado donde pueden pastar en cualquier momento. Ahora bien, todo gobernante tiene un dominio reservado, y el dominio reservado de Dios es el que Él ha prohibido. Sabed también que hay un trozo de carne en el cuerpo que, si es virtuoso, hará virtuoso a todo el cuerpo, y si es corrupto, corromperá a todo el cuerpo. Este trozo de carne es el corazón. (*al-Bukhari* y *Muslim*)

2- El adorador de Dios sólo alcanzará la piedad cuando renuncie a lo que no es claramente ilícito, para no caer en lo ilícito. (*Tirmidhi*)

Arrepentimiento

¡Tú que crees! Vuelve a Dios con un arrepentimiento sincero para que tu Señor borre tus pecados y te acoja en jardines por los que corren ríos[1].

1- Arrepentirse y pedir perdón a Dios, me arrepiento cien veces al día. (*Muslim*)

2- La conversión al Islam borra lo que se cometió antes, y el arrepentimiento borra lo que se cometió antes (*Muslim*).

3- Dios se complace más con el arrepentimiento de su siervo que uno de vosotros que encuentra su montura en el desierto donde se le había escapado, llevándose consigo sus provisiones de comida y agua. Perdiendo toda esperanza de encontrarlo, se tumba a la sombra de un árbol, pero de repente, ella reapareció frente a él. La agarró por la brida y, con gran alegría, exclamó: "¡Dios mío! Tú eres mi siervo y

---

[1] Corán 66, 8.

yo soy tu señor", quedando tan confundido que su alegría fue grande. (*Muslim*)

4- Dios tiende la mano de noche a quien ha pecado de día para que se arrepienta, y tiende la mano de día a quien ha pecado de noche para que se arrepienta, hasta el día en que el sol sale por el oeste[1]. (*Muslim*)

5- Si el hombre tuviera un valle de oro, le gustaría tener otro. De hecho, sólo la tierra[2] puede llenar su boca. Sin embargo, Dios acepta el arrepentimiento de quien se arrepiente sinceramente. (*al-Bukhari* y *Muslim*)

6- Todos los hombres cometen faltas, siendo los mejores los que se arrepienten de ellas (*Tirmidhi*).

7- Dios Todopoderoso acepta el arrepentimiento de su siervo mientras no esté en agonía[3]. (*Tirmidhi*)

8- El que se arrepiente de un pecado es como el que no tiene pecados (*Ibn Majah*)

9- Dios siempre aceptará tu arrepentimiento, aunque tus pecados lleguen al cielo. (*Ibn Majah*)

El incentivo a la virtud

---

[1] Es decir, hasta el Último Día, siendo este fenómeno cosmológico uno de los principales signos del fin de los tiempos.

[2] Desde su tumba, dicen algunos comentaristas.

[3] El Altísimo dice: "No puede haber arrepentimiento para quien persiste en el pecado hasta el día en que le llegue la muerte y diga: 'Me arrepiento ahora', ni para quienes mueren como incrédulos. Para ellos, hemos preparado un castigo grave. (Corán 4:18)

¡Por el tiempo! En verdad, el hombre está en el camino de la ruina, excepto los que creen, hacen el bien, se recomiendan la verdadera fe y se recomiendan la constancia[1].

1- Quien llame a otros a realizar una buena acción obtendrá la recompensa de todos los que respondan a su llamada, sin disminuir su recompensa de ninguna manera. Por otra parte, quien llame a otros a hacer una mala acción, cargará con los pecados de todos los que respondan a su llamada, sin que esto disminuya sus pecados. (*Muslim*)

2- Quien de vosotros vea una maldad, que se esfuerce por detenerla, si no puede, que la condene con su boca, y si no puede, que la condene en su corazón, y este es el grado más bajo de la fe. (*Muslim*)

3- No hay personas entre las que haya un hombre que cometa pecados y no hagan nada para evitarlo, aunque tengan la capacidad de hacerlo, sin que Dios los castigue antes de su muerte (*Abū Dawūd*).

4- Cuando se comete un pecado en la tierra en presencia de alguien que lo rechaza, es como si no lo hubiera presenciado. En cuanto a quien no lo presenció, pero lo acepta, es como si lo hubiera presenciado (*Abū Dawūd*).

---

[1] Corán 103, 1-3.

Prácticas musulmanas

Y sabed que todo el bien que hagáis en este mundo para vuestra salvación, lo encontraréis multiplicado a los ojos de Dios. Y sabed que todo el bien que hagáis en este mundo para vuestra salvación, lo encontraréis multiplicado a los ojos de Dios (Corán 73:20).

Purificación

Hay personas a las que les gusta purificarse. Dios ama a los que cuidan su pureza[1].

1- La purificación es la mitad de la fe. Alabar a Dios llena la escala de las buenas acciones, glorificar y alabar a Dios llena el espacio entre los cielos y la tierra, la oración es una luz, la limosna es una prueba de fe, la paciencia es una claridad y el Corán es un argumento a tu favor o en tu contra. Todos los hombres, al levantarse por la mañana, venden su alma: unos a Dios, preservándola así del castigo, otros a Satanás, provocando así su pérdida. (*Muslim*)

2- Cuando el creyente realiza su ablución y se lava la cara, todos los pecados cometidos con los ojos desaparecen con la última gota de agua. Cuando se lava las manos, todos los pecados cometidos con ellas desaparecen con la última gota de agua. Cuando se lava los pies, todos los pecados cometidos con sus pies se van con la última gota de agua, hasta que sale puro de todo pecado. (*Muslim*)

3- Ningún hombre trae el agua de su ablución, se enjuaga la boca y aspira el agua por la nariz antes de tirarla, sin que sus pecados caigan de su cara, boca y nariz. Entonces no se lava la cara como Dios le ha ordenado sin que los pecados de su cara caigan del

[1] Corán 9, 108.

extremo de su barba con el agua de la ablución. Del mismo modo, no se lava los brazos hasta los codos sin que los pecados cometidos por sus manos caigan desde la punta de los dedos con el agua. No se pasa las manos mojadas por la cabeza sin que se le caigan los pecados de las puntas del pelo con agua. Por último, no se lava los pies hasta los tobillos sin que los pecados de los pies caigan desde la punta de los dedos con agua. Entonces no se queda en la oración, alabando a Dios y glorificándolo como se merece, con el corazón totalmente volcado hacia Él, sin quedar totalmente limpio de sus pecados, volviendo al estado en que se encontraba al nacer. (*Muslim*)

4- Cinco prácticas forman parte de la primera naturaleza: la circuncisión, el afeitado del pubis, el corte de uñas, la depilación de las axilas y el recorte del bigote. (*al-Bukhari* y *Muslim*)

Oración

Recita lo que se te ha revelado del Libro y asegúrate de realizar la oración[1].

1- El Islam consiste en atestiguar que no hay más dios que Dios y que Muhammad es el mensajero de Dios, realizar la oración, pagar la limosna legal, ayunar durante el mes de Ramadán y hacer la peregrinación a La Meca para aquellos que puedan permitírselo. (*Muslim*)

2- Las cinco oraciones diarias son como un río que fluye frente a la puerta de uno de vosotros y en el que se lava cinco veces al día. (*Muslim*)

3- Multiplica las postraciones, pues no te postrarás ante Dios si no te eleva con ello un grado y borra con ello uno de tus pecados. (*Muslim*)

---

[1] Corán 29, 45.

4- Lo que separa al hombre del paganismo y la impiedad es la realización de la oración. (*Muslim*)

5- En el Último Día, verás a tu Señor con tanta seguridad y facilidad como ves esta luna[1], y nadie podrá detenerte. Por lo tanto, si te es posible no perder la oración antes del amanecer y la que precede a la puesta del sol, hazlo. (*al-Bukhari* y *Muslim*)

6- Realizad parte de vuestras oraciones en vuestras casas para que no se conviertan en tumbas (*al-Bukhari* y *Muslim*)

7- Quien pase las noches de Ramadán en oración, con fe y esperanza de recompensa, verá borrados sus pecados anteriores. (*al-Bukhari* y *Muslim*)

8- Saludaos los unos a los otros, dad comida a los necesitados, mantened los lazos familiares y rezad cuando la gente esté durmiendo, entraréis en el Paraíso con seguridad. (*Tirmidhi*)

9- Las primeras obras por las que serán juzgados los siervos de Dios en el Último Día son sus oraciones. (*Tirmidhi*)

10- Te recomiendo que reces y trates bien a tus esclavos[2]. (*Ibn Majah*)

Limosna

Los hombres y mujeres que, con su limosna, hacen un préstamo sincero a Dios, obtendrán a cambio una recompensa diez veces mayor y una generosa recompensa[3].

---

[1] El Profeta dijo estas palabras a sus compañeros en una noche de luna llena.

[2] Según su primo y yerno Ali, ésta fue la última recomendación del Profeta a su nación durante su última enfermedad y las últimas palabras que pronunció antes de fallecer.

[3] Corán 57, 18.

1- Toda buena acción es una limosna (*al-Bukhari*)

2- El hombre dice: "¡Mis bienes! Mis posesiones", pero, hijo de Adán ¿posees algo más que los alimentos que te llevan a comer y consumir, las ropas que te llevan a vestir y gastar, o lo que das en caridad y así ahorras para el Último Día?[1] (*Muslim*)

3- Cuando un hombre gasta dinero en su familia en con la esperanza de ser recompensado, se cuenta como limosna. (*al-Bukhari* y *Muslim*)

4- Cada día el hombre está obligado a pagar una limosna por cada una de sus articulaciones: juzgar o reconciliar a dos personas de forma justa es una limosna, ayudar a un hombre a subir a su montura o entregarle sus pertenencias una vez subido es una limosna, cada buena palabra es una limosna, cada paso que se da hacia la mezquita para la oración es una limosna, y retirar de la vía pública lo que pueda perjudicar a los transeúntes también es una limosna. (*al-Bukhari* y *Muslim*).

5- Todo musulmán que planta un árbol recibe una limosna hasta el Último Día cada vez que un hombre, una bestia o un pájaro come de su fruto. (*Muslim*)

6- Preservense del infierno, aunque sea dando medio dátil como limosna (*al-Bukhari* y *Muslim*)

7- Juro por la veracidad de estas tres palabras, así que recuérdalas bien: ninguna limosna ha disminuido la riqueza del dador, nadie soporta la injusticia con paciencia sin que Dios añada a su honor, y nadie abre la puerta de la mendicidad sin que Dios le abra la puerta de la pobreza. (*Tirmidhi*)

---

[1] En otras palabras: sólo tus limosnas te seguirán en la otra vida, todo lo demás se lo dejarás a tus herederos.

8- Las limosnas dadas a los pobres son recompensadas sólo una vez, mientras que las limosnas dadas a un pariente necesitado son recompensadas dos veces: la recompensa de la limosna y la recompensa del parentesco (*Tirmidhi*).

Ayuno

¡Tú que crees! Se os prescribe el ayuno -como se prescribió a las naciones que os precedieron- para alejaros del pecado[1].

1- Quien ayune en el mes de Ramadán, con fe y esperanza de recompensa, verá borrados sus pecados anteriores. (*al-Bukhari* y *Muslim*)

2- Que el que no renuncie al pecado en sus palabras y en sus actos sepa que a Dios no le importa que renuncie a la comida y a la bebida. (*al-Bukhari*)

3- El ayuno es una protección[2]. Por lo tanto, el que ayuna debe abstenerse de ser grosero y de gritar, y si alguien lo insulta o lo provoca, que diga: “Estoy ayunando”. Por quien tiene el alma de Muhammad en su mano, el aliento del ayunante es más agradable a Dios que el olor del almizcle. El ayunante siente dos alegrías: una alegría cuando rompe su ayuno y otra cuando se encuentra con su Señor. (*al-Bukhari* y *Muslim*)

4- ¡Jóvenes! Que se case quien pueda permitírselo, pues el matrimonio ayuda a bajar la mirada y a preservar la castidad. En cuanto al que no pueda permitírselo, que ayune, será una protección para él. (*al-Bukhari*)

---

[1] Corán 2:183.

[2] En efecto, preserva al creyente del pecado, como indica la aleya mencionado al principio de este capítulo y como coinciden todos los que han experimentado el ayuno.

5- El que ofrece al ayunante algo para romper su ayuno obtiene la misma recompensa que el ayunante, pero no se le quita nada de la recompensa al ayunante. (*Tirmidhi*)

La peregrinación

Peregrinar a este santuario es un deber con Dios para quien pueda permitírselo[1].

1- Quien realice la peregrinación absteniéndose de la obscenidad y el pecado, volverá de ella tan puro como el día en que su madre lo dio a luz. (*al-Bukhari* y *Muslim*)

2- La pequeña peregrinación a la Meca borra los pecados cometidos desde la anterior. En cuanto a la gran peregrinación, que es pura de todos los pecados, no tiene otra recompensa que el Paraíso. (*al-Bukhari* y *Muslim*)

Jihad

Lucha por la causa de Dios contra los que te combaten, pero no transgredas. Ciertamente, a Dios no le gustan los que transgreden Sus prohibiciones[2].

1- El que lucha por el triunfo de la palabra de Dios, ese es el que realmente lucha por la causa de Dios (*al-Bukhari* y *Muslim*)

2- La mejor yihad es una peregrinación libre de pecado (*al-Bukhari*)

3- No desees encontrarte con el enemigo y pide a Dios que te preserve de todo mal, pero si tienes que enfrentarte a él, ten paciencia. (*al-Bukhari*)

---

[1] Corán 3:97.

[2] Corán 2:190.

4- No traicionéis vuestros pactos, no mutiléis al enemigo y no matéis a los niños y a los ermitaños. (*Muslim*)

5- No matar a los ancianos, niños o mujeres[1]. (*Abū Dawūd*)

[1] Este hadiz, al igual que el anterior, demuestra que el Islam pide respeto para todos los individuos, incluso para aquellos que lo combaten. Roger du Pasquier escribe al respecto: "Siguiendo el ejemplo del Profeta, que impuso a los combatientes del Islam el respeto del enemigo vencido y desarmado, los musulmanes, cuando tuvieron que hacer la guerra, trataron de hacerla lo más humana posible. Su actitud moderada y tolerante les hizo ganarse la simpatía de las poblaciones de los países donde sus ejércitos hacían campaña, y en muchas zonas, como ciertas provincias del Imperio bizantino, fueron recibidos como liberadores. En todos los países conquistados, el Islam siempre ha aceptado la presencia de muchos grupos numerosos que profesan otras religiones. Pero en sentido contrario, cuando, por ejemplo, los cristianos reconquistaron España, todos los musulmanes fueron masacrados, convertidos a la fuerza o expulsados. (*Discovering Islam*, 1985, p. 65) Los musulmanes se limitan a poner en práctica las palabras del Profeta y las de Dios, como éstas: "Que tu resentimiento contra tus enemigos no te lleve a tratarlos injustamente. Por el contrario, sé justo. (Corán 5:8) Como explica acertadamente un documento del Secretariado Vaticano para los No Cristianos titulado *Orientaciones para un diálogo entre cristianos y musulmanes* (1970), "la yihad no es en absoluto el kherem bíblico; no tiene como objetivo el exterminio, sino extender a nuevas tierras los derechos de Dios y del hombre." El documento se refiere en particular a estos textos del Antiguo Testamento, de una violencia sin precedentes, en los que el Dios de Israel llama a los hebreos a exterminar a sus enemigos: "¡Vayan tras él a la ciudad y ataquen; que su ojo sea despiadado y no tenga piedad! Mata, destruye a los ancianos, a los jóvenes, a las vírgenes, a los niños y a las mujeres. (Ezequiel 9:5-6) o "Sus hijos serán aplastados ante sus ojos, sus casas serán saqueadas y sus mujeres violadas". El documento del Vaticano describe la yihad como una lucha para extender los derechos de Dios y del hombre a nuevos territorios (Isaías 13:16). Es también, y sobre todo, un medio de autodefensa para los musulmanes, como deja claro la aleya al principio de este capítulo. Por lo tanto, los musulmanes están obligados a aceptar cualquier oferta de paz: "Si entonces se apartan y te ofrecen la paz, renunciando a combatirte, Dios no te da motivos para preocuparte por ellos. (Corán 4:90) E invita a los musulmanes a ser amables con quienes se abstienen de combatirlos: "Dios no os prohíbe tratar con amabilidad y justicia a aquellos de entre ellos que no os han perseguido por vuestra fe ni os han obligado a exiliaros. Dios ama a los justos. (Corán 60:8)

6- Entre una pieza de oro que gastas por la causa de Dios, otra por liberar a un esclavo, otra por dar limosna a un necesitado, y una última que gastas para tu familia, la que te traerá la mejor recompensa es la de tu familia (*Muslim*).

7- El mejor yihad es proclamar la verdad en voz alta ante un gobernante injusto (*Abū Dawūd* y *Tirmidhi*)

8- Los verdaderos muyahidines son los que se esfuerzan por obedecer a Dios[1]. (*Ahmad*)

El Dhikr[2]

¡Tú que crees! Invoca el nombre de Dios con frecuencia. Y celebrar su santidad y gloria mañana y noche[3].

1- El que invoca el nombre del Señor y el que no lo invoca son comparables a los vivos y a los muertos respectivamente (*al-Bukhari*).

2- Dos palabras que son ligeras de decir pesarán mucho en la balanza y son amadas por Dios: "Gloria y alabanza a Dios, gloria a Dios el Glorioso". (*al-Bukhari* y *Muslim*)

3- Las palabras más queridas de Dios son: "Gloria y alabanza a Dios". (*Muslim*)

---

[1] Este hadiz, como los anteriores, demuestra que la yihad no se limita a la lucha armada, sino que representa cualquier esfuerzo por la causa de Dios. Y cuando la yihad se define en los textos como la lucha por hacer prevalecer la palabra de Dios sobre cualquier otra palabra -tal es la definición de esta yihad dada por el Profeta-, entonces debe seguir reglas estrictas como hemos demostrado.

[2] La noción puramente islámica de *Dhikr*, traducida en los siguientes hadices como "invocar el nombre de Dios", significa ambas cosas: recordar a Dios, alabarlo, glorificarlo, invocarlo y pronunciar su nombre.

[3] Corán 33:41-42.

4- Dios se complace en su siervo que, después de beber o comer, alaba a su Señor. (*Muslim*)

5- No hay hombre que se reúna para invocar el nombre de Dios Todopoderoso sin que los ángeles lo rodeen, la misericordia lo cubra, la serenidad descienda sobre él y Dios lo mencione ante los ángeles que lo acompañan. (*Muslim*)

6- Las mejores palabras que se pueden pronunciar son: "Gloria a Dios, Dios sea alabado, no hay deidad digna de adoración excepto Dios y Dios es más grande que todos". (*al-Bukhari*)

7- Que tu lengua no deje de invocar el nombre de Dios (*Tirmidhi*)

8- Este mundo y todo lo que hay en él está maldito, excepto la invocación del nombre de Dios y lo que se acerca a él, así como el erudito y el buscador del conocimiento. (*Tirmidhi*)

9- No hables demasiado, salvo para invocar el nombre de Dios. Porque hablar demasiado, excepto para invocar el nombre de Dios, endurece el corazón. Ahora bien, los hombres más alejados de Dios son los de corazón duro. (*Tirmidhi*)

Las invocaciones

A los siervos míos que te preguntan por mí, respóndeles que estoy cerca y que escucho a quien me invoca sinceramente[1].

1- Cada uno de vosotros es escuchado mientras no se impaciente y se diga a sí mismo: "He invocado a mi Señor, pero no me ha respondido."[2] (*al-Bukhari* y *Muslim*)

---

[1] Corán 2:186.

[2] Al ver que sus invocaciones quedan sin respuesta, el siervo se impacienta y abandona sus oraciones que, por tanto, no son atendidas.

2- El siervo de Dios nunca está más cerca de su Señor que en la postración. Así que multiplica las invocaciones en esta posición. (*Muslim*)

3- Ningún musulmán reza a Dios en nombre de su prójimo en su ausencia sin que el ángel diga: "Que se te conceda lo mismo."(*Muslim*)

4- No invoquéis la desgracia sobre vosotros, vuestros hijos o vuestras propiedades, no sea que vuestras oraciones coincidan con un momento en que sean respondidas por Dios (*Muslim*).

5- La invocación es el culto por excelencia[1]. (*Abū Dawūd* y *Tirmidhi*)

6- Nada es más valioso para Dios que las invocaciones. (*Tirmidhi*)

7- Tres oraciones son siempre respondidas, sin ninguna duda: la invocación del oprimido, la del viajero y la del padre contra su hijo. (*Tirmidhi* y *Abū Dawūd*)

8- Da protección al que te la pide en nombre de Dios, da al que te pide en nombre de Dios, acepta la invitación del que te invita y devuelve bien por bien. Si no puedes hacerlo, reza a Dios en nombre de tu benefactor hasta que sientas que le has agradecido lo suficiente. (*Abū Dawūd*)

---

[1] El Profeta leyó entonces esta aleya: "Tu Señor ha dicho: 'Invócame y te escucharé'. En cuanto a los que se niegan a adorarme por orgullo, entrarán en la Gehena en desgracia. (Corán 40:60). En esta aleya, Dios establece un estrecho vínculo entre la noción de invocación y la de adoración. La propia etimología del verbo "adorar" -que procede del latín adorare, formado por el prefijo "ad", y del verbo "orare", que significa "rezar"- muestra la estrecha relación entre estas dos nociones. La razón es que cuando el siervo reza a su Señor, reconoce su omnipotencia y su propia debilidad y se humilla ante su grandeza.

9- Cuando reces por un muerto, sé sincero en tus invocaciones. (*Abū Dawūd*)

10- Reza a Dios con la convicción de que te responderá. En efecto, sabed que Dios no responde a quien le invoca despreocupadamente, sino al contrario, a quien le reza con recogimiento. (*Tirmidhi*)

La petición de perdón

Pide perdón a Dios, que es ciertamente el Más Compasivo y el Más Misericordioso[1].

1- Imploro el perdón de Dios y vuelvo a Él más de setenta veces al día. (*al-Bukhari*)

2- La mejor manera de pedir perdón a Dios, es decir: "¡Dios mío! Tú eres mi Señor, no hay deidad digna de adoración sino tú, tú me creaste y yo soy tu siervo. Soy lo más fiel posible a mi compromiso y promesa con ustedes. Imploro tu protección contra el mal que hago, reconozco tus beneficios para mí y confieso mis pecados. Que me perdones, porque nadie más que tú puede perdonar los pecados[2]. (*al-Bukhari*)

---

[1] Corán 73, 20.

[2] Se trata de una especie de respuesta a la práctica católica de las indulgencias, que concedía a cardenales, obispos y otros abades el derecho a perdonar los pecados a cambio de un donativo a la Iglesia, y que, a lo largo de los siglos, se transformó en un auténtico comercio lucrativo. ᵉEn su *Essai sur les mœurs*, Voltaire escribió sobre este tema que el Papa León X, a principios del siglo XVI, "hizo que todos los Estados de la Cristiandad vendieran lo que se llama indulgencias, es decir, la liberación de las penas del purgatorio, ya sea para uno mismo o para sus parientes y amigos. ᵉEsta práctica, muy criticada por algunos cristianos, fue una de las principales causas del cisma del siglo XVI, que condujo a la Reforma y al nacimiento del protestantismo.

3- El que nunca deja de pedir perdón a Dios será aliviado de cada una de sus angustias por Dios que le proporcionará una salida a cada dificultad y proveerá sus necesidades de la manera más inesperada. (*Abū Dawūd*)

Cuarta parte

Prohibiciones

Dios prescribe la equidad, la bondad y la caridad hacia los parientes, y prohíbe todo acto vil, todo comportamiento reprobable y toda forma de injusticia. Así, Dios te insta a hacer el bien. ¿Pero sabrás pensar en ello (Corán 16:90)?

Prohibiciones

Politeísmo e idolatría

Dios no puede perdonar la asociación de otros con su culto, pero sí puede perdonar a quien peca menos gravemente. Quien asocia otras deidades al culto de Dios se ha alejado gravemente de la verdad[1].

1- Estos son los pecados capitales: dar socios a Dios, provocar la ira de los padres, el asesinato y el falso juramento. (*al-Bukhari*)

2- Huye de los siete pecados que conducen a la perdición: la idolatría, la brujería, el homicidio culposo, la usura, el robo al huérfano, la huida del campo de batalla y la difamación de las mujeres castas, creyentes e inocentes. (*al-Bukhari* y *Muslim*)

3- Quien muera sin asociar nada a Dios entrará en el Paraíso, y quien muera asociando otra deidad con Él irá al Infierno. (*Muslim*)

4- No me adoréis como los cristianos adoran al hijo de María, pues sólo soy un siervo. Por lo tanto, llámame: el siervo de Dios y su mensajero[2]. (*al-Bukhari*)

5- Quien vaya a un vidente y le pregunte y crea en lo que dice, sus oraciones serán rechazadas durante cuarenta días. (*Muslim*)

---

[1] Corán 4:116.

[2] El Profeta, a lo largo de su vida pública, advirtió a los musulmanes que no lo veneraran para que no cometieran el mismo pecado que los cristianos que elevaron a Jesús a deidad. Jesús hizo lo mismo con sus discípulos a los que dijo: "¿Por qué me llamáis bueno? No hay nadie bueno excepto Dios. (Marcos 10:18) O también: "En verdad, en verdad os digo que un siervo no es mayor que su señor, ni un apóstol es mayor que el que lo envió. (Juan 13:16) Esta negativa a que los hombres le adoren es una de las mejores pruebas de la autenticidad de la misión del Profeta. El primero de los motivos que puede llevar a un hombre a pretender ser profeta es, efectivamente, la búsqueda de poder y gloria.

6- No jures por los ídolos ni por tus antepasados (*Muslim*)

7- La geomancia, los augurios y la ornitomancia son formas de brujería e idolatría". (*Abū Dawūd*)

8- Quien utiliza la astrología está utilizando en realidad una de las ramas de la hechicería (*Abū Dawūd*).

9- La ostentación es una forma de politeísmo (*Ahmad*).

Orgullo

Cuidado con mostrar arrogancia o andar con insolencia. Dios no puede amar a nadie que sea orgulloso y engreído[1].

1- Dios ha hecho que su deber sea rebajar todo lo que tiende a elevarse en este mundo (*al-Bukhari*).

2- El que tenga un ápice de orgullo en su corazón no entrará en el Paraíso. (*Muslim*)

3- El orgullo es la negación de la verdad y el desprecio a los demás (*Muslim*).

4- Basta con que un hombre cometa un pecado para despreciar a su hermano musulmán (*Muslim*).

Hipocresía

Los hipócritas, tanto hombres como mujeres, son iguales. Incitan a otros al vicio, los alejan de la virtud y son codiciosos de sus posesiones. Se han olvidado de Dios que los ha abandonado a su suerte[2].

---

[1] Corán 31:18.

[2] Corán 9:67.

1- El hipócrita se reconoce por tres cosas: cuando habla, miente; cuando se compromete, no lo respeta; y traiciona la confianza depositada en él. (*al-Bukhari* y *Muslim*)

2- Cuatro características hacen que quien las combina sea un perfecto hipócrita. Y quien posee una sola de ellas esconde una de las características de la hipocresía hasta que se separa de ella: cuando se le confía algo, traiciona la confianza depositada en él, cuando habla, miente, cuando se compromete, incumple su palabra, y cuando discute, hace falsas acusaciones. (*al-Bukhari* y *Muslim*)

3- El peor de los seres es el hombre de dos caras, el que viene a ver a unos con una cara y a otros con otra cara. (*al-Bukhari* y *Muslim*)

4- Que el que trabaja para ser alabado por la gente sepa que Dios revelará sus verdaderas intenciones y que el que trabaja para ser visto por la gente sepa que Dios revelará sus verdaderas intenciones. (*al-Bukhari* y *Muslim*)

El asesinato

Por eso enseñamos a los hijos de Israel que matar a un solo ser humano -excepto en aplicación de la ley del talión o porque siembra la corrupción en la tierra- equivalía a matar a toda la humanidad, y que preservar una sola vida humana equivalía a preservar a toda la humanidad[1].

1- Nadie es asesinado injustamente sin que el primer hijo de Adán[2] tenga alguna responsabilidad, pues fue el primero en cometer un asesinato. (*al-Bukhari* y *Muslim*)

---

[1] Corán 5:32.

[2] El tristemente célebre Caín que, movido por los celos, mató a su hermano Abel.

2- El creyente no dejará de estar tranquilo en su religión y en el derecho a esperar la misericordia de su Señor mientras no haya cometido un asesinato. (*al-Bukhari*)

3- Los primeros casos que se juzgarán en el Último Día serán los delitos de sangre (*al-Bukhari* y *Muslim*)

4- Tu sangre, propiedad y honor son tan sagrados como este día, este mes y esta ciudad[1]. (*al-Bukhari* y *Muslim*)

5- Quien mate a un incrédulo bajo la protección de los musulmanes no olerá el Paraíso (*al-Bukhari*)

6- Quien empuña un arma contra su hermano creyente es maldecido por los ángeles hasta que lo derribe (*Muslim*)

7- Quien es asesinado en defensa propia muere como mártir (*al-Bukhari* y *Muslim*)

Sumisión a las pasiones

Pero les sucedieron generaciones, cada una más miserable que la anterior, que, preocupadas sólo por la gratificación de sus pasiones, descuidaron el culto al Señor. Por lo tanto, están condenados a la perdición[2].

1- Los extremistas están condenados[3]. (*Muslim*)

2- El sabio es el que rinde cuentas a sí mismo y trabaja por su salvación, mientras que el incapaz es el que obedece a sus pasiones y pone vanas esperanzas en Dios. (*Tirmidhi*)

[1] Estas palabras fueron pronunciadas por el Profeta en su última peregrinación, conocida como la "Peregrinación de despedida", unas semanas antes de su muerte.

[2] Corán 19, 59.

[3] El Profeta repitió estas palabras tres veces.

3- Cuídate del extremismo, porque los que vinieron antes que tú se perdieron sólo por su extremismo religioso[1]. (*Ahmad*)

Desobediencia a los dirigentes

¡Tú que crees! Obedece a Dios, obedece al Mensajero y a los que entre vosotros ejercen la autoridad[2].

1- El musulmán tiene el deber de obedecer, de buena o mala gana, a la persona con autoridad, a menos que se le ordene desobedecer a Dios. En este caso, la obediencia ya no está permitida. (*al-Bukhari* y *Muslim*)

---

[1] Por tanto, el Islam condena toda forma de extremismo religioso, ya que el hombre debe mantener un punto medio en todo, especialmente si este extremismo se convierte en terrorismo. No hace falta decir que el Islam condena el terror y el asesinato de inocentes. Ya hemos mencionado algunos hadices inequívocos sobre este tema. ¿Por qué entonces, se preguntarán algunos, se comete hoy tanta violencia en nombre del Islam? Por la ignorancia de algunos jóvenes musulmanes, que obedecen más a sus pasiones que a la religión, y el uso que algunos hacen de esta ignorancia con fines políticos. Daech es obviamente el ejemplo más elocuente. Nadie puede hoy discutir seriamente que el autoproclamado Estado Islámico es una creación estadounidense contra el régimen sirio y sus aliados. En apoyo de nuestras afirmaciones, mencionaremos los testimonios de personalidades que difícilmente pueden ser acusadas de conspiración. Empecemos por la del general Vincent Desportes, profesor asociado de Sciences Po, que, ante la Comisión de Asuntos Exteriores, Defensa y Fuerzas Armadas del Senado, declaró el 17 de diciembre de 2014 sobre el tema de Daech: "¿Quién es el Dr. Frankenstein que ha creado este monstruo? Digámoslo claramente, porque tiene consecuencias: son los Estados Unidos. Por interés político a corto plazo, otros actores -algunos de los cuales dicen ser amigos de Occidente- otros actores, por tanto, por complacencia o por voluntad deliberada, han contribuido a esta construcción y a su fortalecimiento. Pero la responsabilidad principal recae en Estados Unidos. Otra declaración inequívoca fue la del general Wesley Clark, excomandante de las fuerzas armadas de la OTAN, quien declaró al canal de televisión estadounidense CNN el 11 de febrero de 2015 que el Estado Islámico era una creación estadounidense-israelí ¡para derrotar a Hezbolá!

[2] Corán 4:59.

2- Quien se rebela contra la autoridad se encontrará con Dios en el Último Día sin ninguna excusa. (*Muslim*)

3- Debes obedecer a tu gobernante de buena o mala gana, tanto en la pobreza como en la prosperidad, e incluso si se concede privilegios. (*Muslim*)

4- Quien me obedece, obedece a Dios, y quien me desobedece, desobedece a Dios. Quien obedece a quien ejerce la autoridad, me obedece a mí, y quien le desobedece, me desobedece a mí. (*al-Bukhari* y *Muslim*)

5- Que tenga paciencia quien no esté de acuerdo con su gobernante de cualquier manera, pues quien se rebela de cualquier manera contra la autoridad, morirá como moría la gente antes del Islam (*al-Bukhari* y *Muslim*).

6- Os recomiendo que temáis a Dios y obedezcáis a los que os dirigen, aunque sea un esclavo abisinio el que esté en la autoridad. Aquel de vosotros que viva verá ciertamente muchas disensiones. Por lo tanto, te recomiendo que sigas mi tradición y la de los califas ortodoxos correctamente guiados. Aférrate a ella y cuídate de las novedades que algunos introducen en la religión, pues toda novedad en la religión es un extravío. (*Abū Dawūd* y *Tirmidhi*)

La traición

No defiendas a los que se traicionan a sí mismos. A Dios no le gustan los traidores que viven en pecado[1].

1- Cada uno de vosotros tiene responsabilidades sobre las que será interrogado. El gobernante es responsable de sus electores y será interrogado sobre ellos, el hombre es responsable de su familia y será interrogado sobre ella, la esposa es responsable de la casa de

[1] Corán 4:107.

su marido y será interrogado sobre ella, el siervo es responsable de la propiedad de su amo y será interrogado sobre ella. Así que cada uno de vosotros tiene responsabilidades sobre las que será interrogado[1]. (*al-Bukhari* y *Muslim*)

2- El que toma las armas contra nosotros no es de los nuestros, ni el que nos engaña (*Muslim*).

3- No hay ningún hombre a quien Dios le confíe autoridad, y que muera habiendo traicionado a los que están bajo su autoridad, sin que Dios le prohíba el Paraíso. (*al-Bukhari* y *Muslim*)

4- El musulmán es el hermano del musulmán. No puede traicionarle, mentirle o abandonarle. Todo en el musulmán es sagrado para los demás musulmanes: su honor, su propiedad y su sangre. (*Tirmidhi*)

5- Devuelve el depósito a quien te lo confió y no traiciones ni siquiera a quien te traicionó (*Abū Dawūd* y *Tirmidhi*)

6- Quien se vincula a las personas por un pacto no debe violar ninguna de sus cláusulas ni insertar una nueva antes de que expire. O simplemente debería declarar el tratado nulo y sin efecto, para que todas las partes estén en igualdad de condiciones. (*Abū Dawūd* y *Tirmidhi*)

La mentira

Ay de todo mentiroso y pecador empedernido[2].

---

[1] Literalmente: cada uno de vosotros es un pastor y será interrogado sobre su rebaño.

[2] Corán 45, 7.

1- La mentira lleva al vicio y el vicio lleva al infierno. El hombre nunca deja de mentir hasta que es registrado por Dios como un mentiroso. (*al-Bukhari* y *Muslim*)

2- La peor mentira es que un hombre afirme haber visto en un sueño lo que no ha visto realmente. (*al-Bukhari*)

3- No es un mentiroso que busca reconciliar a la gente a través de sus palabras, atribuyendo a unos buenas palabras sobre otros. (*al-Bukhari* y *Muslim*)

4- Basta con mentir si se informa de todo lo que se oye (*Muslim*).

5- Quien comunique a sabiendas una palabra que se me atribuye falsamente es, como el o los que la transmitieron antes que él, un mentiroso. (*Muslim*)

6- Quien se apodere de la propiedad de un musulmán mediante un juramento falso, sufrirá la ira de Dios el día que se encuentre con él. (*al-Bukhari* y *Muslim*)

Calumnia

¡Huye de la calumnia! ¿A alguno de ustedes le gustaría comer la carne de su hermano muerto? ¡No! Lo odiarías[1].

1- El que crea en Dios y en el Último Día que hable bien o que calle. (*al-Bukhari* y *Muslim*)

2- Le garantizo el Paraíso a quien me garantice que preservará del pecado lo que tiene entre sus mandíbulas y entre sus piernas[2]. (*al-Bukhari* y *Muslim*)

---

[1] Corán 49:12.

[2] Es decir, su lengua y su sexo. En otras palabras, quien se guarde de la murmuración, la mentira y las malas palabras, por un lado, y de la fornicación y el adulterio, por otro, tiene asegurada la entrada en el Paraíso.

3- A veces un hombre dice palabras sin pensar que le harán caer en el fuego del infierno más profundo que la distancia entre el este y el oeste. (*al-Bukhari* y *Muslim*)

4- A veces un hombre pronuncia palabras sin medir su valor, con las que Dios se complace y con las que lo elevará al Paraíso. Y a veces pronuncia, sin medir su gravedad, palabras que provocan la ira de Dios y lo precipitarán al infierno (*al-Bukhari*).

5- Quien difunda las palabras de la gente para sembrar la discordia entre ellos no entrará en el Paraíso. (*al-Bukhari* y *Muslim*)

6- Te salvarás si guardas tu lengua, te quedas en casa y te lamentas de tus faltas. (*Tirmidhi*)

Malevolencia

Di: "Imploro la protección del Señor de la aurora, contra el mal que hay en lo que ha creado, contra el mal de la noche que extiende su oscuridad, contra el hechizo maligno de todos los hechiceros, contra el envidioso que da rienda suelta a su maldad."[1]

1- Un verdadero musulmán es aquel que protege a otros musulmanes del daño con su lengua y su mano (*al-Bukhari* y *Muslim*)

2- El que desee salvarse del Infierno y entrar en el Paraíso, que muera con fe en Dios y en el Último Día, y que trate a los demás como él mismo quisiera ser tratado. (*Muslim*)

3- Dos personas no deben hablar en privado en presencia de una tercera persona, que podría sentirse ofendida, sino que deben esperar a que otros se unan a ellos. (*al-Bukhari* y *Muslim*)

---

[1] Corán 113:1-5.

4- El mal de ojo existe realmente y si algo pudiera cambiar el destino, sería el mal de ojo (*Muslim*).

El insulto

¡Tú que crees! No te comportes como los que ofendieron a Moisés, a quienes Dios limpió de sus calumnias[1].

1- Cuando dos hombres intercambian insultos, el pecado recae sobre el que lo inició, siempre que su víctima no sobrepase los límites. (*Muslim*)

2- No insultes a los muertos, pues han unido sus obras. (*al-Bukhari*)

3- No insultes a la fiebre, porque libra al hombre de sus pecados como el herrero, con la ayuda de su fuelle, libra al hierro de sus impurezas. (*Muslim*)

4- Cuando un hombre llama incrédulo a su vecino, uno de ellos merece el insulto. O el que fue ofendido se lo ha ganado, o el insulto se vuelve contra el que lo lanzó. (*al-Bukhari* y *Muslim*)

5- Insultar al musulmán es una forma de desobediencia y luchar contra él es una forma de incredulidad. (*al-Bukhari* y *Muslim*)

6- No conviene que un hombre justo maldiga a los demás (*Muslim*)

7- Maldecir a un creyente es como matarlo. (*Muslim*)

8- Si alguien te insulta o te denigra revelando cosas que sabe de ti, no le respondas con los mismos ataques, para que sólo él cargue con las consecuencias de sus actos. (*Abū Dawūd* y *Tirmidhi*)

---

[1] Corán 33, 69.

9- El viento es parte de la misericordia de Dios a favor de los creyentes, pero si trae misericordia, también trae castigo. Así que cuando sople, no lo insultes, sino que pide a Dios que te conceda sus beneficios y te proteja de sus fechorías. (*Abū Dawūd*)

10- No insultes al gallo, porque te despierta para la oración. (*Abū Dawūd*)

Envidia y celos

¿Envidiarían a la gente por los favores que Dios les ha concedido? [1]

1- No os odiéis, no os envidiéis, no huyáis unos de otros, no rompáis vuestros lazos, sino sed, siervos de Dios, hermanos. No está permitido que un musulmán huya de su hermano durante más de tres días. (*al-Bukhari* y *Muslim*)

2- Cuidado con la sospecha, porque nada es más engañoso que la sospecha. No hagas caso a los rumores y no intentes espiar a los demás. No compitan ni se envidien unos a otros. (*al-Bukhari* y *Muslim*)

3- No está permitido envidiar a nadie, excepto a dos tipos de personas: aquel a quien Dios le ha otorgado riqueza y que, por Su gracia, la gasta en buenas acciones, y aquel a quien Dios ha dotado de sabiduría con la que juzga y enseña a los demás. (*al-Bukhari* y *Muslim*)

4- No está permitido envidiar a nadie, excepto a dos tipos de personas: aquel a quien Dios le ha dado el conocimiento del Corán y cuyas enseñanzas aplica noche y día, y aquel a quien Dios le ha concedido riqueza que gasta en buenas obras noche y día. (*al-Bukhari* y *Muslim*)

[1] Corán 4:54.

5- Cuidado con la envidia, porque consume las buenas acciones como el fuego consume la madera (*Abū Dawūd*).

6- No te alegres abiertamente de las desgracias de tu hermano. Puede ser que Dios se apiade de él y te ponga a prueba a su vez. (*Tirmidhi*)

Codicia y lujuria

Codicias los bienes efímeros de este mundo, mientras que Dios quiere para ti la recompensa del Más Allá. Dios es todopoderoso e infinitamente sabio[1].

1- Cuídate de la avaricia, porque perdió a los que te precedieron, haciéndoles matarse entre sí y transgredir las prohibiciones. (*Muslim*)

2- Si un hombre tuviera dos valles de oro, codiciaría un tercero. Ciertamente, nada puede llenar su vientre sino la tierra[2]. (*al-Bukhari* y *Muslim*)

3- A medida que el hombre crece, dos faltas crecen con él: la codicia y el deseo de vivir mucho tiempo (*al-Bukhari* y *Muslim*).

4- Quien ruega por hacerse rico, en realidad sólo está pidiendo carbón. Es él quien decide si quiere una cantidad pequeña o grande. (*Muslim*)

5- Codiciarás el poder, pero te arrepentirás en el Último Día (*al-Bukhari*)

6- No robes los clientes de otros y no pidas una esposa que ya ha sido solicitada por otro, salvo con el permiso de éste. (*al-Bukhari* y *Muslim*)

---

[1] Corán 8:67.

[2] Desde su tumba.

7- Las peores faltas del hombre son la codicia mezclada con la ansiedad y la cobardía que paraliza el corazón (*Abū Dawūd*)

8- Dos lobos hambrientos soltados en un rebaño de ovejas no son más devastadores que la sed de riquezas y honores para tu religión. (*Tirmidhi*)

9- Toda nación debe pasar por una tentación. Y la tentación de mi nación está en el dinero (*Tirmidhi*)

Codicia

No mantengas la mano cerrada por avaricia, ni te muestres pródigo, dando a manos llenas, a riesgo de que te reprochen tu actitud y te encuentres totalmente desahuciado[1].

1- No hay día que se levante sin que desciendan dos ángeles, el primero diciendo: "¡Dios mío! Concede una compensación a quien gasta en los demás", y la segunda diciendo: "¡Dios mío! Trae la ruina a quien es tacaño. (*al-Bukhari* y *Muslim*)

2- No seas tacaño para que no te prives de la gracia de Dios (*al-Bukhari* y *Muslim*)

3- Hay tres tipos de personas a las que Dios no hablará en el Último Día, a las que no mirará, a las que no purificará y que sufrirán un castigo doloroso: un hombre en el desierto con un excedente de agua que se niega a viajar, un hombre que, después de la oración de la tarde, vende sus bienes a un cliente incauto, jurando falsamente por Dios que los compró a tal o cual precio, y un hombre que promete lealtad a un gobernante sólo para obtener los bienes de este mundo: si los obtiene, le permanece fiel, si no, viola su promesa. (*al-Bukhari* y *Muslim*)

---

[1] Corán 17:29.

4- "¡Dios mío! Presérvame de la pereza, la cobardía, la senilidad y la avaricia. (*al-Bukhari*)

Ira

Apresúrate a realizar las obras que te harán ganar el perdón de tu Señor y un jardín tan amplio como los cielos y la tierra, preparado para los que temen a Dios, los que, en la dificultad o en la facilidad, ofrecen sus bienes en caridad, los que son capaces de controlar su ira y perdonar a su prójimo. Dios ama a los hombres buenos[1].

1- El fuerte no es el que sabe dominar a sus oponentes, sino por el contrario el que sabe dominar su ira. (*al-Bukhari* y *Muslim*)

2- No te enfades[2]. (*al-Bukhari*)

3- Que el que sienta que la ira sube en él se siente. (*Abū Dawūd*)

4- Que guarde silencio quien sienta que la ira surge en él. (*Ahmad*)

La injusticia

¡Tú que crees! Practicar la justicia sólo para complacer a Dios y ser los testigos más imparciales. Y que tu resentimiento contra tus enemigos no te lleve a tratarlos injustamente. En su lugar, sea justo con ellos. Es una forma de actuar más acorde con la piedad[3].

1- Cuídate de toda injusticia, porque la injusticia sólo será oscuridad en el Último Día. (*Muslim*)

---

[1] Corán 3, 133-134.

[2] Esta fue la respuesta del Profeta a quien le pidió repetidamente: "Dame una recomendación".

[3] Corán 5:8.

2- El hombre vendrá en el Último Día con montañas de buenas acciones, pero también habrá sido injusto con fulano, usurpado la propiedad de fulano y herido el honor de fulano. Así que cada uno de ellos le quitará algo de sus buenas acciones. Y cuando éstos se agoten, se le cargará una parte de sus pecados. (*Muslim*)

3- En el Último Día, ciertamente harás justicia a los que has agraviado, hasta el punto de que incluso las ovejas con cuernos tendrán que dar cuenta a las ovejas sin cuernos. (*Muslim*)

4- Dios concede un indulto al hombre injusto, pero cuando lo apresa, no le deja escapar[1]. (*al-Bukhari* y *Muslim*)

5- Vas a un pueblo[2] donde hay judíos y cristianos. Así que invítalos primero a testificar que no hay deidad digna de adoración sino Dios y que yo soy el Mensajero de Dios. Si están de acuerdo, infórmales de que Dios les ha prescrito cinco oraciones diarias. Si están de acuerdo, infórmales de que Dios les ha impuesto una limosna de la riqueza de los que están bien y que la distribuyen a los que son pobres. Si están de acuerdo, ten cuidado de tomar sus posesiones más valiosas, y ten cuidado con la invocación de el oprimido, porque nada puede impedir que llegue a Dios. (*al-Bukhari* y *Muslim*)

6- Que quien haya agraviado a su prójimo en su honor o de cualquier otra manera obtenga hoy el perdón antes del Día en que no habrá oro ni plata para reparar la injusticia. Si tiene algunas buenas acciones, se le quitarán en la medida de su injusticia y se

---

[1] El Profeta ﷺ, después de decir estas palabras, recitó esta aleya: "Este es el castigo que tu Señor inflige a las ciudades criminales. En verdad, su castigo es terriblemente doloroso. (Corán 11:102).

[2] Aquí el Profeta está hablando con uno de sus compañeros de camino a Yemen.

pondrán a disposición de su víctima, y si no tiene buenas acciones, se le cargará una parte de los pecados de su víctima. (*al-Bukhari*)

7- El desdichado de mi nación es el que vendrá en el Último Día con oraciones, días de ayuno, limosnas, pero también habrá insultado a fulano, calumniado a fulano como fornicario, usurpado la propiedad de fulano, derramado la sangre de fulano y golpeado a fulano. Sus buenas acciones se repartirán entonces entre estas víctimas. Si se agotan antes de que haya reparado sus males, será cargado con una parte de sus pecados y luego será arrojado al infierno. (*Muslim*)

8- El deudor que se retrasa en el pago de su deuda, aunque tenga medios para hacerlo, comete una injusticia. (*al-Bukhari*)

9- No hay pecado más castigado en este mundo, además de lo que Dios reserva para su autor en el Más Allá, que la injusticia y la ruptura de los lazos de sangre (*Abū Dawūd*).

Las divisiones

Obedece a Dios y a Su Mensajero y evita las divisiones[1].

1- Huye de las divisiones, pues precisamente por estar divididos los que te precedieron provocaron su ruina (*al-Bukhari*).

2- Que quien crea en Dios y en el Último Día se guarde de romper los lazos de sangre (*al-Bukhari* y *Muslim*)

3- El que rompa los lazos de sangre no entrará en el Paraíso (*al-Bukhari* y *Muslim*)

4- El hombre que verdaderamente respeta los lazos de parentesco no es el que es bueno sólo con aquellos de sus parientes

[1] Corán 8:46.

que son buenos con él, sino que es el que es bueno incluso con aquellos de sus parientes que son malos con él. (*al-Bukhari*)

5- No está permitido que un musulmán se aleje de su hermano por más de tres días, ambos mirando hacia otro lado cuando se encuentran. El mejor de los dos es entonces el que saluda primero al otro. (*al-Bukhari* y *Muslim*)

6- Huir de tu hermano creyente durante todo un año es como derramar tu sangre (*Abū Dawūd*)

7- Tened cuidado de juntaros, porque sólo la oveja que se ha alejado del rebaño es presa de los lobos. (*Abū Dawūd*)

Indecencia y grosería

No escuches a ningún hombre despreciable que siempre esté insultando, denigrando al prójimo y causando problemas[1].

1- Dios no ama a los hombres groseros, ni a los que se entregan a la grosería (*Abū Dawūd*).

2- El verdadero creyente no tiene la costumbre de denigrar o maldecir a los demás, ni es indecente o grosero. (*Tirmidhi*)

3- La indecencia no se encuentra en una cosa sin hacerla fea y el pudor no se encuentra en una cosa sin hacerla bella. (*Tirmidhi*)

[1] Corán 68:10-11.

Hadits variados

Palabras de Dios[1]

¿Hay una palabra más verdadera que la de Dios?[2]

1- Dios dice: "Quien haga una buena acción obtendrá diez veces su recompensa y más. Y a quien haga una mala acción, se le inscribirá un solo pecado que puedo perdonar. Quien se acerque a Mí por un palmo, Yo me acercaré a él por un codo, y quien se acerque a Mí por un codo, Yo me acercaré a él por una braza. Quien venga a Mí caminando, Yo vendré a él ansiosamente y quien se encuentre conmigo con el contenido de la tierra como pecados, pero sin asociar nada a Mí, Yo lo recibiré con el contenido de la tierra en el perdón."(*Muslim*)

2- Dios dice: "¡Servidores míos! Me he prohibido la injusticia a Mí mismo y la he prohibido entre vosotros, así que no seáis injustos unos con otros. ¡Mis sirvientes! Todos ustedes están equivocados, excepto aquel a quien yo guío. Así que pídeme que te guíe y te guiaré. ¡Mis sirvientes! Todos tienen hambre, excepto el que yo alimento. Así que pídeme que te alimente y te alimentaré. ¡Mis sirvientes! Todos estáis desnudos, excepto el que yo visto. Pídeme que te vista y te vestiré. ¡Mis sirvientes! Pecas de noche y de día, pero yo perdono todos los pecados. Por eso, pídeme la absolución y te la concederé. ¡Mis sirvientes! No puedes dañarme ni ayudarme. ¡Mis sirvientes! Si todos, desde el primero hasta el último, hombres y genios, tuvieran el

---

[1] El Profeta informó de ciertos dichos de su Señor, pero éstos no forman parte del Corán. Los musulmanes llaman a estos dichos "hadices qudusi". Aquí están algunos de ellos.

[2] Corán 4:122.

corazón del más piadoso de vosotros, no añadiría nada a Mi Reino. ¡Mis sirvientes! Si desde el primero hasta el último, hombres y genios, todos tuvierais el corazón del más impío de vosotros, no añadiría nada a mi reino. ¡Mis sirvientes! Si desde el primero hasta el último, hombres y genios, os pusierais todos de pie en un mismo lugar en oración y Yo os escuchara a cada uno de vosotros, se reduciría de Mi reino sólo lo que una aguja sumergida en el mar puede reducir de su cantidad de agua. ¡Mis sirvientes! Sólo importan tus obras, de las que llevo una cuenta precisa y por las que te recompensaré plenamente. Así que quien encuentre algo bueno, que alabe a Dios, y quien encuentre otra cosa, que se culpe sólo a sí mismo". (*Muslim*)

3- Dios dice: "No tengo otra recompensa que el Paraíso para mi siervo creyente que, cuando recupero el alma de su amada, muestra paciencia con la esperanza de obtener mi recompensa."(*al-Bukhari*)

4- Dios dice: "He preparado en el Más Allá para mis adoradores justos lo que ningún ojo ha visto, ningún oído ha escuchado y ningún ser puede imaginar."[1] (*al-Bukhari* y *Muslim*)

5- Dios dice: "Declaro la guerra a quien se enemista con uno de Mis siervos piadosos. Mi adorador no se acerca a Mí con obras más queridas que las que Yo le he impuesto. Y Mi siervo no deja de acercarse a Mí con obras voluntarias hasta que Yo lo ame. Cuando le amo, me convierto en su oído que le permite oír, en su vista que le permite ver, en su mano que le permite agarrar y en su pie que le

---

[1] Después de informar de estas palabras de su Señor, el Profeta añadió: "Recitad, si queréis, esta aleya: 'Nadie sabe lo que le espera como recompensa por sus actos, como la dicha'"(Corán 32, 17)

permite caminar. Si me busca, respondo a su petición, y si implora mi protección, se la concedo". (*al-Bukhari*)

6- Dios dice: "He dividido la oración en partes iguales entre mi siervo y yo, y obtendrá lo que pide". Así que cuando el siervo dice: "Alabado sea Dios, Señor de la Creación", Dios dice: "Mi siervo me ha alabado". Y cuando dice: "El Más Clemente, el Más Misericordioso", Dios dice: "Mi siervo me ha glorificado". Cuando el siervo dice: "Soberano Maestro del Día del Juicio", Dios dice: "Mi siervo me ha engrandecido". Cuando dice: "Sólo a ti adoramos y sólo a ti pedimos ayuda". Dios dice: "Esto es para mí y para mi siervo, y mi siervo obtendrá lo que pide. Cuando dijo: "Guíanos por el buen camino, el camino de los que has concedido con tus gracias, no el camino de los réprobos, ni el de los descarriados", Dios dijo: "Esto es para mi siervo, y tendrá lo que pide".[1] (*Muslim*)

7- Dios dice: "El hombre me ha llamado mentiroso sin derecho a hacerlo y me ha ofendido sin derecho a hacerlo. Me ha llamado mentiroso al afirmar que Dios no lo resucitará como lo creó la primera vez, pero la primera creación no es más fácil para mí que una nueva creación. Y me ha ofendido diciendo que Dios se dio un hijo, pero yo soy el único Dios, el Maestro del que nadie puede prescindir, y no he

---

[1] Las palabras pronunciadas aquí por el siervo orante son las de la primera surah del Corán que todo musulmán debe recitar en cada una de las cinco oraciones diarias y que dice: "En el nombre de Dios, el Clemente, el Misericordioso". Alabado sea Dios, el Señor de la Creación, el Más Bondadoso, el Más Misericordioso, el Dueño Soberano del Día del Juicio. Sólo a ti adoramos, y sólo a ti pedimos ayuda. Guíanos por el camino correcto, el camino de aquellos a quienes has bendecido con Tu Gracia, no el camino de los réprobos, ni el de los descarriados.

engendrado, ni he sido engendrado, y nadie es capaz de igualarme. (*al-Bukhari*)

8- Dios dice: "¡Hijo de Adán! Gasta para otros, yo gastaré para ti". (*al-Bukhari* y *Muslim*)

9- Dios dice: "¡Hijo de Adán! Mientras me implores, esperando mi perdón, te perdonaré, no importa cuáles sean tus pecados. ¡Hijo de Adán! No me importa que tus pecados lleguen al cielo, te perdonaré, siempre que me pidas perdón. ¡Hijo de Adán! Si te encuentras conmigo con el contenido de la tierra como pecados, pero sin asociar nada conmigo, te recibiré con el contenido de la tierra en el perdón."(*Tirmidhi*)

10- Dios dice: "¡Hijo de Adán! Llenaré tu corazón de satisfacción y te alejaré de la necesidad. Si no, llenaré tu corazón de preocupación y no te protegeré de la necesidad". (*Tirmidhi*)

Historias del pasado

Así que te contamos algunas historias del pasado[1].

1- Tres hombres, de entre los que te han precedido, se pusieron un día en camino. Se refugiaron en una cueva para pasar la noche, cuando de repente se desprendió una roca de la montaña, bloqueando la entrada a la cueva. Se decían unos a otros: "Sólo nos libraremos si rezamos a Dios y mencionamos nuestras buenas acciones. Uno de ellos dijo: "¡Dios mío! Mis padres eran muy mayores y nunca hice beber a mi familia ni a mis esclavos antes que a ellos. Un día me alejé más de lo habitual en busca de pastos, y cuando volví los encontré dormidos. Ordeñaba mis animales para ellos, pero no los despertaba,

---

[1] Corán 20, 99.

ni daba la leche a mi familia o a mis esclavos antes que a ellos. Me quedé a su lado hasta las primeras luces del alba, con el cuenco en la mano, esperando a que se despertaran, mientras mis hijos aullaban de hambre y lloraban a mis pies. Finalmente se despertaron y se tomaron la leche. ¡Dios mío! Si he hecho esto para complacerte, líbranos de esta roca. La roca se apartó, pero no lo suficiente como para dejarlos salir. El segundo dijo: "¡Dios mío! Tenía un primo al que quería más que a nada en el mundo. Así que la codicié, pero ella me rechazó, hasta que un día vino a mí con hambre. Le ofrecí ciento veinte monedas de oro con la condición de que se entregara a mí. Ella aceptó, pero mientras estaba a mi merced, gritó: "Teme a Dios, fuerza el himen sólo a través de una unión legítima". Así que la dejé, aunque la deseaba más que nada en el mundo, dándole el oro. ¡Dios mío! Si he hecho esto para complacerte, líbranos de esta roca. La roca se alejó de nuevo, pero no lo suficiente como para dejarlos salir. Entonces el tercer hombre dijo: "¡Dios! Había contratado a trabajadores y les había pagado, excepto a un hombre que se fue sin pedir su salario. Hice crecer su dinero hasta el punto de que su valor aumentó considerablemente. Al cabo de un rato volvió a aparecer y me dijo: "¡Siervo de Dios! Dame mi sueldo". "Todos los camellos, las vacas, las ovejas y los esclavos que veas, ése es tu salario", le respondí. Exclamó: "¡Siervo de Dios! No te burles de mí". "No me estoy burlando de ti", respondí. Luego se llevó todas sus posesiones y no dejó nada. ¡Dios mío! Si he hecho esto para complacerte, líbranos de esta roca. La roca fue retirada y pudieron salir de la cueva (*al-Bukhari y Muslim*).

2- Un hombre de los que vivieron antes que tú mató a noventa y nueve personas. Entonces buscó al hombre más experto de la tierra y fue dirigido a un monje. Una vez en su presencia, le explicó que había matado a noventa y nueve personas y le preguntó si tenía derecho a arrepentirse. "No", respondió el monje. El hombre lo mató, elevando el número de muertos a cien. Siguió buscando al hombre más culto de la tierra y esta vez se dirigió a un erudito al que le explicó que había matado a cien personas y le preguntó si podía arrepentirse. "¡Por supuesto! replicó el erudito ¿quién podría impedirte arrepentirte? Ve a tal o cual región cuyos habitantes son devotos del culto a Dios. Adórale con ellos y no vuelvas a tu tierra, porque allí se comete el mal. (*al-Bukhari* y *Muslim*)

3- Los creyentes que vivieron antes que tú fueron a veces apresados y arrojados a un agujero que había sido cavado para este fin. A continuación, les cortaron la cabeza en dos y les laceraron la carne hasta los huesos con peines de hierro, pero esto no fue suficiente para apartarlos de su religión. Juro que Dios hará triunfar esta religión para que un jinete pueda viajar de Sana'a a Hadramawt[1], temiendo sólo a Dios y al lobo por sus ovejas, pero eres impaciente[2]. (*al-Bukhari*)

4- Dios quiso probar a tres hombres entre los hebreos: un leproso, un costroso[3] y un ciego. Les envió un ángel que se acercó al leproso y le preguntó: "¿Qué es lo que más quieres en el mundo? Respondió

---

[1] Dos ciudades de Yemen.

[2] El Profeta respondió a sus compañeros que vinieron a quejarse de la persecución que estaban sufriendo en La Meca por parte de los paganos pidiéndole que invocara a Dios para que les concediera la victoria sobre ellos. Tumbado en el suelo a la sombra de la Ka'bah, con su manto como única almohada, el Profeta les dirigió estas palabras, anunciando el próximo triunfo del Islam. También podríamos haber incluido este hadiz en el siguiente capítulo, donde se mencionan algunas de las profecías cumplidas de Muhammad.

[3] El término árabe parece referirse aquí a una persona que se ha quedado calva como resultado de una enfermedad, de ahí nuestra traducción como "tiña", siendo la tiña una afección del cuero cabelludo que provoca la pérdida temporal o permanente del cabello.

"Una buena complexión, una piel bonita, y librarse de esta condición repulsiva que ahuyenta a la gente". El ángel le pasó la mano por el cuerpo y el leproso quedó curado y con un hermoso color de piel. El ángel le preguntó: "¿Qué bien deseas más? Él respondió: "Camellos. Entonces recibió una camella a punto de parir y el ángel le dijo: "Que Dios te bendiga con ella". El ángel se acercó entonces al lerdo y le preguntó: "¿Qué es lo que más quieres en el mundo? Respondió: "Un cabello hermoso y deshacerse de esa impureza por la que la gente se aleja de mí con asco". El ángel le puso la mano en la cabeza, de modo que el hombre costroso quedó curado y con una hermosa cabellera. El ángel le dijo: "¿Qué bien deseas más? Él respondió: "Vacas. Entonces recibió una vaca con un ternero, y el ángel le dijo: "Que Dios la bendiga. Entonces el ángel se dirigió al ciego y le dijo: "¿Qué es lo que más quieres en el mundo? Respondió: "Que Dios me dé la vista para poder ver a la gente. El ángel le puso la mano sobre los ojos para que Dios le devolviera la vista. El ángel le dijo: "¿Qué bien deseas más? Él respondió: "Ovejas. Entonces recibió una oveja con una cría. Los dos primeros animales parieron y la oveja tuvo una cría. El primero obtuvo un valle de camellos, el segundo un valle de ganado y el último un valle de ovejas.

Entonces el ángel se acercó al antiguo leproso bajo la apariencia de un leproso y le dijo: "Soy un miserable, un viajero cuyos recursos se han agotado. Sólo tú, después de Dios, puedes ayudarme hoy a llegar a mi destino. Te pido, en nombre de Aquel que te dio esta hermosa tez, esta hermosa piel y estas riquezas, que me concedas un camello que me permita continuar mi viaje." Él respondió: "Tengo muchas cargas. El ángel le dijo entonces: "Siento como si te conociera. ¿No eras tú aquel leproso al que la gente rechazaba, aquel pobre al que Dios hizo rico? Respondió: "No, simplemente heredé estos bienes de padre a hijo". El ángel dijo: "Si estás mintiendo, que Dios te devuelva a tu estado anterior”. Luego se dirigió al viejo costroso con l apariencia de un costroso y le dijo lo mismo. Este último le respondi de la misma manera. El ángel también le dijo: “Si estás mintiendo, qu Dios te devuelva a tu estado anterior. Finalmente, se dirigió al hombr que había recuperado la vista, bajo la apariencia de un ciego, y le dijo “Soy un miserable, un viajero cuyos recursos se han agotado. Sólo tú después de Dios, puedes ayudarme hoy a llegar a mi destino. Te pido en nombre de quien te dio la vista, que me concedas una oveja qu me permita continuar mi camino. El hombre respondió: “Estab ciego y Dios me ha dado la vista. Así que toma lo que quieras. ¡Po Dios! No te negaré nada de lo que tomes hoy, por el amor de Dios El ángel le dijo entonces: “Guarda tus posesiones. Era sólo un prueba. Dios está complacido contigo, mientras que tus do compañeros han provocado su ira”. (*al-Bukhari* y *Muslim*)

5- Un hombre compró una propiedad en la que encontró una jarr llena de oro. Le dijo al vendedor: “Toma tu oro, porque yo sól compré la tierra, no el oro. “Te he vendido la propiedad y lo que ha en ella”, dijo el vendedor. Así que pidieron a un tercer hombre qu decidiera entre ellos. El tercer hombre preguntó: “¿Tiene usted hijos “Tengo un niño”, dijo uno de ellos. “Tengo una hija”, dijo el otr Cásense”, les aconsejó, “y luego denles parte del tesoro y den limosn del resto. (*al-Bukhari* y *Muslim*)

6- Dos mujeres estaban cada una con su hijo cuando vino un lob y se llevó a uno de los dos infantes. “El lobo se llevó a tu hijo” exclamó la primera mujer. “Se llevó el tuyo”, dijo el segundo. Llevaro su disputa al profeta David, quien entregó el hijo restante a la muje mayor. Entonces se dirigieron a Salomón, hijo de David, par informarle de su disputa. “Tráeme un cuchillo y lo dividiré en dos” dijo Salomón. “¡Que Dios se apiade de ti! No hagas nada con él, es s ijo", dijo el más joven. Así que Salomón entregó el niño a este último. *al-Bukhari* y *Muslim*)

7- Un hombre se dijo a sí mismo: "Esta noche sí que voy a dar mosna. Salió y dio su limosna a una mujer que resultó ser una rostituta. Al día siguiente, la gente decía: "Alguien ha dado limosna una prostituta. El hombre dijo: "¡Dios mío! Alabado seas, he dado mosna a una prostituta. Esta noche daré otra limosna. Salió y se lo io a un hombre que resultó ser un hombre rico. Al día siguiente, la ente decía: "Anoche alguien dio limosna a un hombre rico. El ombre dijo: "¡Dios mío! Alabado seas, ahora eres un hombre rico. Esta noche daré otra limosna. Salió, y esta vez lo puso en la mano de n hombre que resultó ser un ladrón. Al día siguiente la gente decía: Esta noche alguien ha dado su limosna a un ladrón. El hombre dijo: ¡Dios mío! Alabado seas, primero una prostituta, luego un rico y hora un ladrón". Entonces alguien se acercó a él y le dijo: "Sabe que u limosna ha sido aceptada. El que se le da a la prostituta puede evitar ue se prostituya, el que se le da al rico puede servirle de lección para ue dé limosna de algunos de los bienes que Dios le ha dado, y quién abe si el que se le da al ladrón no lo pondrá por encima de la ecesidad de robar."(*al-Bukhari* y *Muslim*)

8- Entre tus predecesores vivía un rey a cuyo servicio había un echicero. Cuando el hechicero envejeció, le dijo al rey: "Me he hecho iejo y se acerca mi término, envíame un muchacho al que pueda nseñarle hechicería. Así que el rey le envió un niño al que inició en la rujería. Ahora, en el camino del hechicero al rey, había un monje. El muchacho se acercó al monje y escuchó sus palabras, que le gradaron, así como su forma de hablar. Cada vez que iba a la casa del mago, éste le pegaba y le decía: "¿Por qué llegas tarde? Asimismo, uando regresaba a la casa de su familia, le pegaban por llegar tarde.

Así que se quejó al monje que le aconsejó: "Si temes que el brujo t corrija, di que tu familia te ha retenido y si temes que tu familia t maltrate, di que es el brujo quien te ha retenido."Un día, vio en s camino una enorme bestia que impedía el paso a la gente. Se dijo a s mismo: "Hoy sabré quién es más amado por Dios, el monje o el brujo Tomó una piedra y dijo: "Dios, si prefieres la enseñanza del monje la del hechicero, entonces deja que esta bestia muera, dejando e camino libre para el pueblo. Lanzó la piedra a la bestia, matándola a instante, y la gente pudo volver a moverse libremente. Cuando e monje se enteró de su hazaña, le dijo: "¡Hijo mío! Hoy, el alumno h superado al maestro. Vas a ser puesto a prueba. En este caso, no de ninguna indicación sobre mí.

El joven curó a los ciegos de nacimiento, a los leprosos y a tod clase de enfermedades. Un hombre del entorno del rey, que se habí quedado ciego, oyó hablar de él y fue a su encuentro con una multitu de regalos. Le dijo: "Si me curas, todo esto es tuyo. "No curo a nadie Sólo Dios es quien cura. Así que si crees en él, le invocaré para que t cure", respondió el chico. El ciego creyó en Dios, que le curó tras la invocaciones del joven. "¡Tanto! ¿Quién te dio la vista? le preguntó e rey, mientras ocupaba su lugar a su lado como de costumbre. "Es m Señor", respondió. "¿Yo?" preguntó el rey. "No", respondió, "m señor y el tuyo, Dios. "¿Tienes otro señor que no sea yo?" exclamó e rey. "Sí, Dios, mi Señor y el tuyo", repitió. El rey continu torturándolo hasta que señaló al adolescente. Este último fu presentado al rey, que le interrogó: "¡Hijo mío! Tu hechicería h alcanzado tal nivel que curas a los ciegos de nacimiento, a los leproso y a otras enfermedades. "Yo no curo a nadie", respondió el muchacho "sólo Dios es quien cura". "¿Yo?" preguntó el rey. "No", respondió "¿tienes otro señor que no sea yo?".exclamó el rey. "Sí, Dios, mi Seño y el tuyo", respondió. El rey, a su vez, lo torturó hasta que señaló a monje. El monje fue presentado al rey, que le dijo: "Deja tu religión. Cuando se negó, el rey cortó el cuerpo del monje en dos, empezando por la mitad del cráneo. El cortesano del rey también se negó a apostatar y su cuerpo también fue aserrado en dos.

Luego vino el adolescente que también se negó a renunciar a su fe. El rey lo entregó a sus hombres y les ordenó que lo llevaran a una montaña. Dijo: "Cuando llegues a la cima, si se niega a renunciar a su fe, arrójalo. Cuando llegó a la cima de la montaña, el joven dijo: "¡Dios mío! Sálvame de ellos de la manera que quieras. La montaña fue entonces sacudida, arrojando a todos los hombres al vacío. El joven abandonó el lugar y buscó su camino hasta llegar a la casa del rey, quien le preguntó: "¿Qué ha sido de mis hombres? "Dios, el Altísimo, me ha librado de ellos", dijo. El rey le entregó entonces a otro grupo con órdenes de embarcarse en un barco. Dijo: "Cuando lleguemos a mar abierto, si persiste en su fe, tíralo por la borda. Cuando llegó a mar abierto, dijo: "¡Dios mío! Sálvame de ellos de la manera que quieras. Todos los hombres se ahogaron, excepto el niño, que volvió con el rey. "¿Qué pasó con mis hombres? Preguntó. "Dios, el Altísimo, me libró de ellos", respondió el adolescente. "Nunca podrás matarme si no sigues mis instrucciones", añadió. "¿Qué debo hacer?" Dijo el rey. "Reúne a tu pueblo en un lugar, y luego crucifícame en el tronco de una palmera. Entonces toma una flecha de mi carcaj y di: 'En el nombre de Dios, Señor de este joven, entonces dispárame'. Si lo haces, me matarás.

El rey siguió las instrucciones del joven, luego colocó la flecha en el centro del arco y, al sacarla, exclamó La flecha se clavó en la sien del adolescente, que puso la mano en el punto de impacto y murió. La gente dijo entonces: "Creemos en el Señor de este muchacho. Se le dijo al rey: "Por Dios, lo que temías ha sucedido hoy. Todo el pueblo ha abrazado la fe. El rey ordenó entonces que se cavaran zanjas junto a los caminos y que se encendieran braseros en ellas, y luego declaró: "Quien no reniegue de su religión será arrojado al fuego". La gente se precipitó hacia el fuego, algunos empujando a otros para entrar primero. Entonces llegó una mujer que estaba amamantando a su bebé. Pareció dudar antes de saltar al fuego. El bebé le dijo: "¡Madre! Sé fuerte, porque estás siguiendo el camino correcto. (*Muslim*)

9- Un hombre se estaba muriendo. Perdiendo toda esperanza de sobrevivir, dio a conocer sus últimos deseos a su familia: "Cuando esté muerto, reunid para mí una gran cantidad de leña seca, encended en ella una hoguera y dejad que mi cuerpo arda en ella hasta que el fuego consuma mi piel y llegue a mis huesos. Entonces tómenlos y muélanlos hasta convertirlos en polvo, y espárzanlos en el mar. Así que actuaron según sus últimos deseos. Cuando Dios lo reúna, le preguntará: "¿Por qué has hecho esto? Él responderá: "Porque te tenía miedo. Entonces Dios lo perdonará. (*al-Bukhari* y *Muslim*)

10- Abraham sólo mintió tres veces, dos por Dios, cuando dijo: "Ella es la mayor de todas"[1] y "Estoy enfermo"[2], y la tercera vez

---

[1] *Este es el episodio en el que Abraham pronunció estas palabras:* Abraham juró: "¡Por Dios! Atacaré a tus ídolos en cuanto te des la espalda. Así que despedazó a los ídolos, perdonando sólo al más grande, para que pudieran recurrir a él. Cuando volvieron, dijeron: "¿Quién es el criminal que se ha atrevido a tratar así a nuestros dioses?". Algunos de ellos dijeron: "Hemos oído a un joven llamado Abraham hablar mal de ellos. Que sea llevado ante el pueblo para que todos puedan testificar. Cuando le llevaron ante ellos, le preguntaron: "¿Tú, Abraham, has hecho esto a nuestros dioses? "No, es el más grande de todos. *(Corán 21:57-63)*

[2] *Corán 37:89*. Algunos exegetas musulmanes explican que Abraham utilizó su enfermedad como excusa para no asistir a las fiestas paganas de su pueblo. En los dos primeros casos, mintió para salvarse de las prácticas idólatras de su pueblo y en el tercer caso para salvar su vida.

cuando, en compañía de su esposa Sara, se detuvo en la tierra de un tirano. Cuando el tirano se enteró de que un hombre con la mujer más hermosa se había detenido en su tierra, llamó a Abraham y le dijo: "¿Cuál es tu relación con esta mujer? Abraham respondió: "Es mi hermana. El tirano le dijo: "Ve y tráela". Abraham volvió con Sara y le dijo: "Este tirano me preguntó por ti y le dije que eras mi hermana. No me contradigas, pues eres mi hermana según el Libro de Dios, y no hay creyentes sobre la faz de la tierra, excepto tú y yo. Entonces la llevó a la casa del tirano y se puso a rezar. Cuando Sara entró en la casa del tirano y éste la vio, se apresuró a acercarse a ella y estiró la mano para tocarla, pero en ese momento, se apoderó de la violencia. Le dijo: "Invoca a Dios por mí y no te haré daño. Así que ella rezó a Dios por él y fue liberado, pero intentó tocarla de nuevo y fue agarrado de la misma manera o incluso más violentamente. La misma escena ocurrió una tercera vez. Dijo: "Invoca a Dios por mí y no te haré daño. Así que ella rezó a Dios por él y fue liberado. Llamó a uno de sus guardias que estaba más cerca de él y le dijo: "¡No me has traído un ser humano, sino un demonio! Sácala y dale a Agar. Así que sacaron a Sara y le dieron a Agar. Sara volvió entonces con Abraham. Cuando vio que ella había regresado, detuvo su oración. Entonces le preguntó: "¿Qué ha pasado? Ella dijo: "Dios me ha protegido de los malos designios de este impío sin moral y ha puesto a Agar a mi servicio". (*al-Bukhari* y *Muslim*)

11- Abraham tomó a la madre de Ismael,[1] y a su hijo, aún lactante, y los instaló en el lugar del futuro Santuario de La Meca, bajo un gran

[1] *Agar, la mujer mencionada en la historia anterior. Sara, envejecida y creyendo que era estéril, había entregado a su sierva Agar como concubina a su marido para que tuviera hijos. Entonces Sara, a una edad muy avanzada, dio a luz a un hijo, Isaac. Entonces le dijo a Abraham, según*

árbol a pocos pasos del manantial de Zamzam, en la parte más alta de la futura Mezquita. La Meca estaba entonces desierta y sin agua. Así que los subió, dejándoles una bolsa de dátiles y un odre con agua. Luego se dio la vuelta. La madre de Ismael le siguió y le dijo: "¡Abraham! ¿A dónde vas, dejándonos en este valle desértico? Ella repitió su pregunta una y otra vez, pero Abraham no se volvió. Finalmente preguntó: "¿Te ha ordenado Dios que hagas esto? "Entonces no nos abandonará", concluyó, y volvió a su asiento. Abraham continuó su camino. Cuando llegó al paso desde el que no podía ser visto, se dirigió al lugar de la Ka'bah, levantando las manos al cielo para suplicar a Dios: "¡Señor! He establecido a algunos de mis descendientes en un valle seco cerca de Tu templo sagrado para que puedan orar diligentemente, oh Señor. Dispón el corazón de una parte de los hombres a su favor y dispón de toda clase de frutos, esperando que te sean agradecidos."[1]

La madre de Ismael amamantó a su hijo bebiendo el agua que Abraham le había dejado, pero cuando se acabó el agua y tuvieron sed, su hijo empezó a retorcerse de dolor ante sus ojos. Incapaz de soportar la vista, se fue. Luego subió a la primera colina que encontró, As-Safā, desde donde podía ver la llanura. Al no ver a nadie, volvió a bajar. Cuando llegó al valle, se levantó la túnica y corrió con todas sus fuerzas hasta el otro extremo del valle, al que llegó sin aliento. Luego subió al montículo de Al-Marwā, desde cuya cima se asomó de nuevo, pero sin ver un alma viviente [...] Entonces oyó una voz y se dijo a sí misma: "¡Cállate! Entonces extendió la mano y volvió a escuchar una

---

el relato del Génesis: "Despide a esta doncella y a su hijo, porque el hijo de esta doncella no heredará con mi hijo, con Isaac.

[1] *Corán 14:37.*

voz. Entonces dijo: "Te he oído. ¿Tienes algo para beber? De repente, vio a un ángel que tocaba el suelo con su ala en el lugar de Zamzam. Cuando el agua salió a borbotones, amontonó tierra alrededor para hacer una pequeña piscina. Luego llenó su odre, el agua brotaba cada vez que lo sacaba [...] Bebió y amamantó a su hijo. El ángel le dijo: "No temas más, porque aquí está el sitio de la Casa de Dios que este niño y su padre construirán. Al-lah no puede abandonar a los suyos. El lugar donde se iba a construir la Ka'bah estaba elevado y, por tanto, protegido de los torrentes que corrían a su alrededor.

Viniendo del camino de Kadā', llegó un grupo de personas de la tribu de Jumhum. Acamparon bajo la Meca. Entonces se fijaron en un pájaro que volaba alrededor del manantial y dijeron: "Este pájaro está volando obviamente sobre una charca, pero por lo que sabemos, no hay agua en este valle. Enviaron a uno o dos hombres que finalmente encontraron el agua y, de vuelta al campamento, informaron al resto del grupo. Luego fueron al manantial cerca del cual se encontraba la madre de Ismael. "¿Nos permitirá instalarnos aquí? preguntaron. Aceptó, pero con la condición de que no se hicieran cargo del manantial. Están de acuerdo. Según Ibn 'Abbās, el Profeta dijo: "Su llegada alivió a la madre de Ismael porque le gustaba la compañía de la gente. Así que se establecieron y trajeron a sus familias. Así, el lugar fue habitado por varias de sus familias. Ismael creció y aprendió árabe con ellos. Se distinguió hasta el punto de que le admiraron. Así que cuando llegó a la edad adulta, le dieron a una de sus hijas en matrimonio. Entonces murió la madre de Ismael.

Abraham visitaba regularmente a su hijo Ismael. Un día encontró a su hijo ocupado en tallar flechas bajo un gran árbol cerca del manantial de Zamzam. Cuando lo vio, se levantó y lo recibió como un hijo recibe a su padre, y Abraham hizo lo mismo con su hijo.

Abraham le dijo: "¡Ismael! Dios me ha dado una misión. "Dijo: "Cumplid la orden de vuestro Señor. "¿Me ayudarás? preguntó Abraham. "Sí, te ayudaré", dijo el hijo. "Dios me ha ordenado construir un santuario en este lugar", dijo, señalando un montículo que domina la zona. Entonces comenzó a construir los cimientos del santuario. Ismael trajo las piedras y Abraham construyó la estructura. Cuando el edificio era demasiado alto, Ismael trajo la famosa piedra sobre la que Abraham se paró para completar la construcción mientras Ismael le entregaba las piedras, invocando ambos a Dios con estas palabras: "¡Señor, acepta esto de nosotros! Porque eres tú quien oye y conoce todas las cosas. Siguieron construyendo, pasando de pared en pared, y repitiendo las mismas palabras: "¡Señor, acepta esto de nosotros! Porque eres tú quien oye y conoce todas las cosas. (*al-Bukhari*)

12- Un judío pidió prestadas mil monedas de oro a otro judío. Entonces se dirigió al mar, pero no pudo encontrar un barco para venir a pagar su deuda. Así que cogió un tronco, lo desenterró y puso en él mil monedas de oro antes de tirarlo al mar. El deudor salió entonces de su casa y encontró el tronco, que llevó a su familia para abastecer su hogar, pero cuando aserró el tronco, encontró las monedas de oro (*al-Bukhari*)

13- Cuando los israelitas cayeron en el pecado, sus maestros de la ley condenaron su comportamiento, pero en vano. Entonces se unieron a ellos en sus asambleas y comieron y bebieron con ellos. Por ıu desobediencia y transgresión de la ley, Dios los enfrentó y los naldijo por boca de David y Jesús hijo de María[1]. (*Tirmidhi*)

Profecías

Los bizantinos fueron derrotados en el país vecino., pero después de su derrota, encerán, en unos años[2].

1- No temo la pobreza para vosotros, sino que las riquezas de este nundo os sean dadas con largueza, como lo fueron para los pueblos que os precedieron, y que disputéis sobre ellas como lo hicieron ellos, y que provoquen vuestra ruina como lo hicieron las suyas. (*al-Bukhari y Muslim*)

2- Los hombres más nobles de esta nación son los de mi generación, luego los que les seguirán, luego los que les sucederán. Después de ellos vendrán personas que testificarán sin ser invitadas,

---

Este hadiz debe compararse con este pasaje del Corán: "Como precio por su lesobediencia y transgresión de la ley, aquellos de los hijos de Israel que rechazaron a fe fueron maldecidos por boca de David y Jesús, hijo de María. Porque algunos le ellos no condenaron el mal que sus compañeros creyentes cometían ante sus ›jos. ¡Qué vil era su comportamiento!" (Corán 5:78-79) Estos textos pueden orprender a los cristianos, a quienes se les presenta a Jesús sólo como un hombre que predicaba el perdón y el amor al prójimo, como en las palabras: "Bendecid a os que os maldicen. (Lucas 6:28) Sin embargo, Jesús más de una vez pronunció naldiciones, como aquí: "¡Ay de vosotros, escribas y fariseos!" (Mateo 23:14) o "¡Ay de vosotros, Corazonada! ¡Ay de ti, Betsaida! (Mateo 11:21) No es la única vez que Jesús, según los Evangelios, contradice sus palabras con sus actos. Por ejemplo, las palabras atribuidas a Jesús: "Pero yo os digo que todo el que se enoja con su hermano merece ser castigado por los jueces" (Mateo 5:22) se oponen claramente a los pasajes de Mateo que presentan a Jesús en estado de ira e insulto a los escribas y fariseos, a quienes dice: "Necios y ciegos" (23:17) o más adelante: "Serpientes, cría de víboras" (23:33)

Corán 30:2-4.

traicionarán y no serán confiables, y harán votos que no cumplirán. La obesidad aparecerá entre ellos. (*al-Bukhari* y *Muslim*)

3- La Hora no llegará hasta que los hombres comiencen a correr hacia la cima en sus construcciones[1]. (*al-Bukhari*)

4- Cuando la lealtad desaparezca, entonces la Hora estará cerca (*al-Bukhari*)

5- La Hora no llegará hasta que el conocimiento religioso sea arrebatado a los hombres, los terremotos se multipliquen, el tiempo se acelere, los disturbios aparezcan, las masacres se multipliquen y los bolsillos de la gente rebosen de dinero."(*al-Bukhari*)

6- Entre los signos del fin de los tiempos: la desaparición de la ciencia religiosa, la difusión de la ignorancia, el consumo de alcohol y la difusión de la fornicación. (*al-Bukhari* y *Muslim*)

7- En el fin del mundo, el tiempo se acelerará, la ciencia religiosa desaparecerá, los problemas aparecerán, la codicia se extenderá y las masacres se multiplicarán. (*Muslim*)

8- Este mundo no pasará hasta que un hombre pase por una tumba y ruede sobre ella diciendo: "¡Si yo estuviera en el lugar del ocupante de esta tumba!" No deseará la muerte por razones religiosas, sino por las penurias que sufrirá. (*al-Bukhari* y *Muslim*)

---

[1] *Esta carrera está en marcha desde principios del siglo XX y se ha acelerado en el siglo XXI. Según el informe anual publicado por el Consejo de Edificios Altos y Hábitat Urbano (CTBUH), con sede en el Instituto Tecnológico de Illinois en Chicago, en 2018 había nada menos que 1.478 torres de más de 200 metros de altura en el mundo, lo que supone un aumento del 141% respecto a 2010. Pero una región del mundo parece estar especialmente a la cabeza de esta frenética carrera por la altura: Oriente Medio, y más concretamente... la Península Arábiga*

9- La Hora no llegará hasta que los bolsillos de la gente rebosen de dinero, tanto que un hombre saldrá con su limosna, pero no encontrará a nadie que la acepte, y hasta que la Península Arábiga recupere su antiguo verdor y los ríos[1]. (*Muslim*)

10- Cuando la autoridad sea entregada a quienes no son dignos de ella, entonces la Hora estará cerca. (*al-Bukhari*)

El 24 de abril de 2014 se celebró en la ciudad de Oxford una conferencia titulada Arabia Verde, patrocinada por la Escuela de Arqueología de la Universidad de Oxford, en la que participaron arqueólogos y climatólogos de todo el mundo: El clima templado de la Península Arábiga en un momento de la historia, con la presencia de cientos de lagos, ríos y praderas, la convirtió en un lugar idóneo para el asentamiento de nuestros antepasados procedentes de África, la cuna de la humanidad, antes de que estos grupos humanos se dispersaran por otras partes del mundo. El periódico en inglés de los Emiratos Árabes Unidos, The National, en un artículo sobre la conferencia de Oxford, cita al profesor Petraglia, codirector del Centro de Arqueología Asiática de la Escuela de Arqueología de la Universidad de Oxford: "Ahora tenemos pruebas de ciclos repetitivos a lo largo de la historia entre húmedos y secos. Tenemos aridez y la formación de desiertos, pero a eso le sigue la humedad y la formación de lagos y ríos. Este ambiente atrajo a la gente a través del Sahara y hacia Arabia. Podemos predecir que en el futuro reaparecerán los periodos húmedos en el Sahara y en Arabia. Arabia no sólo fue verde, y en varios momentos de su historia, sino que volverá a serlo, precisamente como predijo el Profeta hace más de catorce siglos. En la conferencia de Oxford, Rick Potts y Adrian Parker trataron de explicar cómo se produjeron estos ciclos climáticos: "La península se encuentra en la confluencia de tres grandes sistemas climáticos: los vientos occidentales del Mediterráneo, los monzones de África Oriental y los monzones de la India. Los dos últimos, en particular, constituyen una poderosa "zona de convergencia intertropical" que, durante los periodos interglaciares, se ha desplazado hacia el norte desde su posición actual, aportando agua y vida a la Península Arábiga".

11-Atacarás la Península Arábiga que Dios te permitirá conquistar luego Persia que Dios te permitirá conquistar, y finalmente el Imperic Bizantino que Dios te permitirá conquistar[1]. (*Muslim*)

12- La Hora no llegará hasta que la gente, por orgullo, compita er la construcción de mezquitas. (*Abū Dawūd*)

13- La Hora no sonará hasta que el tiempo se acelere hasta el punt de que el año pase como un mes, el mes como una semana, la seman como un día, el día como un instante y el instante como un parpade (*Tirmidhi*).

14- Entre los presagios de la Hora están la profusión de la riqueza la propagación de la ignorancia, la aparición de disturbios y e desarrollo del comercio. (*Nasai*)

El fin de los tiempos

[1] Las profecías de Muhammad sólo tardaron diez años en cumplirse, y exactament en el orden indicado. Unos meses después de su muerte, en el año 632, su suceso Abu Bakr, consiguió unificar la península arábiga. Luego, en 637, los persa sasánidas fueron derrotados en Qadissiyah. Su capital, Ctesifón, cayó el mism año. Jerusalén fue arrebatada al Imperio Romano de Oriente en el año 638 y, en e 639, una primera incursión en el delta del Nilo fue el preludio de la caída d Alejandría, evacuada por los bizantinos en el 64. En el momento en que el Profet hizo esta predicción, los musulmanes acababan de encontrar refugio en Medin donde habían estado viviendo con el temor de un posible ataque enemigo despué de haber sido obligados a exiliarse por los paganos en La Meca. Los musulmane habían sufrido un revés en el año 625 al pie del monte Uhud, en las afueras d Medina, donde setenta de ellos cayeron en manos de los mecanos, a lo que sigui un largo asedio a la ciudad por parte de una coalición de tribus paganas. L autoridad de los musulmanes se extendía entonces sólo a la ciudad de Medina, las primeras conquistas musulmanas no comenzaron hasta el año 634, tras l muerte del Profeta en el 632.

¿Qué esperan, sino que la Hora, cuyos signos ya han aparecido, venga a rprenderlos? [1]

1- Todos los profetas que me precedieron se encargaron de indicar su pueblo lo que sabía que era bueno para ellos y de advertirles ontra lo que sabía que era malo para ellos. En cuanto a tu nación, stará a salvo de todo mal en sus primeros días, pero sus generaciones osteriores sufrirán pruebas cada vez más terribles y se comportarán e forma que sólo podrás condenar. Cuando llegue una prueba, el reyente dirá: "Esta seguramente traerá mi perdición. Entonces esaparecerá, sustituida por otra que hará decir al creyente: "¡Esto es, sto es!" (*Muslim*)

2- Lo mejor que posee un musulmán es un rebaño de ovejas que eva a la cima de las montañas y a las tierras mejor regadas, huyendo sí de los problemas para proteger su religión. (*al-Bukhari*)

3- Apresúrate a hacer buenas acciones antes de la llegada de las ruebas tan oscuras como una noche profunda. Entonces fulano será n creyente por la mañana y un incrédulo por la tarde, o un creyente or la tarde y un incrédulo por la mañana, vendiendo su religión por l bien de este mundo. (*Muslim*)

4- El hijo de María no bajará entre vosotros como un gobernador isto. Romperá la cruz, matará al cerdo y abolirá la capitación. Habrá l profusión de bienes que no se encontrará a nadie que los acepte. *al-Bukhari* y *Muslim*)

5- Desde la creación de Adán hasta el advenimiento de la Hora, no abrá una prueba peor que la del Anticristo. (*Muslim*)

Corán 47:18.

6- Los justos desaparecerán uno tras otro, dejando sólo lo desechos de los hombres, como los desechos de la cebada o lo dátiles, a los que Dios no dará ninguna importancia. (*al-Bukhari*)

7- Al final de los tiempos, los sueños de los creyentes casi nunc mentirán (*al-Bukhari* y *Muslim*)

Parábolas[1]

Estas son las parábolas que proponemos a la meditación de los hombres[2].

1- La buena guía y el conocimiento que Dios me ha confiado par transmitir a la humanidad es como la lluvia que riega una tierra qu consiste en una parcela fértil que absorbe el agua y hace crecer l hierba en abundancia, una parcela estéril que retiene el agua en su sen y que Dios hace útil a la humanidad para su consumo, el riego de su animales y el riego de sus cultivos, y finalmente una parcela estéril qu no retiene el agua y no produce hierba. El primero es como el que h

[1] El mismo Jesús utilizó un gran número de parábolas para hacer que su enseñanz fuera accesible al mayor número de personas posible: "Les hablaba en mucha parábolas, según su capacidad para escucharlas" (Marcos 4:33). (La mayoría d estas parábolas, once en total, se refieren al Reino de Dios (Mateo 13:31-47). L llegada del reino de Dios es, en efecto, la "buena noticia" que Jesús vino a anuncia: Recordemos que la palabra evangelio, tomada del griego "euaggelion", signific precisamente "buena noticia". La misión principal de Jesús era anunciar el Rein de Dios a su pueblo, los judíos, para que se prepararan para él. "El *diccionario bíblic Vigouroux* afirma: "Y no es un error ver "el reino de Dios" como el concept fundamental de la predicación de Jesús. La expresión "reino de Dios", en su diversas formas, se encuentra así casi cien veces en boca de Jesús. Como explic Gustave Le Bon en su obra de referencia titulada *La civilisation des Arabes*: "El ide creado por Muhammad era exclusivamente religioso, y el imperio fundado por lo árabes presenta este fenómeno particular de haber sido el único gran imperi establecido únicamente en nombre de una religión, y de derivar de esta mism religión todas sus instituciones políticas y sociales. "

[2] Corán 59, 21.

aprendido la religión y que, por la gracia de Dios, se ha beneficiado del mensaje que Él me ha confiado para transmitir a la humanidad y ha hecho que otros se beneficien de él. De este modo, aprendió y luego enseñó lo que aprendió a la gente. El segundo es como el que no se benefició de él y el último es como el que no aceptó la dirección correcta que se me encomendó señalar a la humanidad. (*al-Bukhari* y *Muslim*)

2- Soy para vosotros como un hombre que ha encendido un fuego en el que se lanzan las langostas y las polillas a pesar de sus esfuerzos por mantenerlas alejadas. Del mismo modo, intento sujetarte por la corbata de tus pantalones para salvarte del Fuego, pero escapas de mis manos. (*Muslim*)

3- Yo, como Mensajero de Dios, soy como un hombre que vino a su pueblo y dijo: "¡Pueblo mío! He visto el ejército enemigo con mis propios ojos y soy el avisador desnudo[1]. Sálvese quien pueda". Escuchando su consejo, algunos de los suyos se pusieron en marcha al principio de la noche. Así que partieron serenamente y se salvaron. Otros le llamaron mentiroso y permanecieron en su lugar hasta la mañana en que fueron atacados por el ejército enemigo y exterminados hasta el último hombre. Estos dos grupos son, respectivamente, los que me obedecen y siguen mis enseñanzas, y los que me desobedecen y califican mi mensaje de mentira. (*al-Bukhari* y *Muslim*)

4- Los que respetan las prescripciones de Dios y los que las transgreden son como los pasajeros que echan a suertes sus lugares en un barco. Algunos estaban en la cubierta y otros en la bodega, y estos

---

[1] Es decir, que llegó tan rápido que no tuvo tiempo de vestirse.

últimos tenían que pasar por delante de los primeros en la cubierta para sacar agua. Se dijeron: "Si cavamos un agujero en nuestra parte del barco, no molestaremos a los de arriba. Si estos últimos les dejaran hacerlo, todos perecerían y si se lo impidieran, todos se salvarían. (*al-Bukhari*)

5- Las buenas y malas compañías son como el almizclero y el herrero respectivamente. El portador de almizcle puede ofrecerte un poco, venderte un poco o simplemente exhalar un olor agradable. El herrero, en cambio, puede quemar su ropa o, en el mejor de los casos, desprender un olor desagradable. (*al-Bukhari* y *Muslim*)

6- Los hombres, como los minerales de oro o de plata, son de caracteres muy diferentes. Los más nobles antes del Islam son los más nobles en el Islam una vez que han comprendido sus enseñanzas. Las almas se reúnen según sus afinidades, las que son similares se juntan y las que son opuestas huyen unas de otras. (*Muslim*)

7- El avaro y el generoso son comparables a dos hombres que llevan cada uno una cota de malla que les cubre el pecho hasta la clavícula. Cada vez que el generoso hombre decide hacer un donativo, su armadura se estira y acaba cubriendo todo su cuerpo hasta arrastrarse por el suelo y borrar sus huellas. En cuanto al avaro, cada vez que decide hacer un regalo, la malla de su armadura se bloquea sin que pueda ensancharla. (*al-Bukhari* y *Muslim*)

8- Quien da en limosna el equivalente a un dátil adquirido lícitamente -sabiendo que Dios sólo acepta lo lícito- Dios lo acepta con su mano derecha, y luego lo hace crecer, como uno de vosotros cría a su potro, hasta que alcanza el tamaño de una montaña. (*al-Bukhari* y *Muslim*)

9- El creyente que recita el Corán es como la cidra[1] que combina un buen olor con un sabor agradable. El creyente que no recita el Corán es como el dátil que no huele bien, pero sabe bien. El hipócrita que recita el Corán es como una planta aromática que huele bien, pero sabe mal. El hipócrita que no recita el Corán es como el coloquio[2] que no huele bien y tiene un sabor amargo. (*al-Bukhari* y *Muslim*)

10- Quien ha aprendido el Corán es como quien posee un camello encadenado. Si lo mantiene atado y comprueba sus ataduras, lo mantendrá, pero si le quita las ataduras o se olvida de comprobarlas, acabará escapando de él. (*al-Bukhari* y *Muslim*)

11- Los musulmanes, los judíos y los cristianos son como obreros contratados por un hombre para hacer un día de trabajo por un determinado salario. El primer grupo trabajó hasta el mediodía antes de decir: "No necesitamos el salario que nos prometiste, hemos trabajado para nada". El hombre les aconsejó: "No se vayan ahora, terminen su trabajo y tomen su salario completo, pero se negaron y se fueron. El hombre contrató entonces a un segundo grupo y le dijo: "Terminen el trabajo de este día y les daré el salario que le prometí al primer grupo. Trabajaron hasta media tarde. Cuando terminaron, dijeron: "Hemos trabajado para nada. Mantenga los salarios que nos prometió. Les aconsejó: "Terminen su trabajo porque este día está llegando a su fin, pero se negaron. Así que contrató a un tercer grupo para trabajar hasta el final del día. Efectivamente, terminaron ese día, hasta la puesta del sol, y acumularon los salarios de los dos primeros

---

[1] Fruta con una piel amarilla muy gruesa, más grande que un limón.

[2] Los coloquintes, según el Grand Robert, son frutos "casi redondos, del tamaño de una naranja, de varios colores, difunden un olor desagradable y tienen un sabor muy amargo".

grupos. Así que estos son como los que han aceptado la luz del Islam[1] (*al-Bukhari*)

[1] Esta palabra del Profeta debe compararse con la parábola de los viñadores de Jesús: "Escuchad otra parábola. Había un hombre que era padre de familia y plantó una viña. Puso un seto alrededor, cavó en él un lagar y construyó una torre; luego lo arrendó a viñadores y abandonó el país. Cuando llegó el tiempo de la cosecha, envió a sus siervos a los viñadores para que recibieran el producto de su viña. Y los labradores agarraron a sus siervos, y golpearon a uno, y mataron a otro, y apedrearon al tercero. Envió otros siervos, más que los primeros; y los viñadores los trataron de la misma manera. Finalmente, les envió a su hijo, diciendo: "Tendrán respeto por mi hijo. Pero cuando los viñadores vieron al hijo, se dijeron entre ellos: 'Este es el heredero; venid, matémoslo y tomemos su herencia. Y lo agarraron, lo echaron fuera de la viña y lo mataron. Cuando venga el señor de la viña ¿qué hará con estos viñadores? Le dijeron: "Destruirá miserablemente a esos miserables, y dejará la viña a otros viticultores, que le darán el producto en el tiempo de la cosecha. (Mateo 21:34-41) Estos "otros viñadores" serían, por tanto, en palabras de Jesús, los seguidores del Islam cuyo advenimiento predice aquí. Además, inmediatamente después de esta parábola, Jesús dice: "Por eso os digo que el reino de Dios os será quitado y entregado a una nación que dará sus frutos" (Mateo 21:43). (Mateo 21:43) Según los cristianos, esta nación son los gentiles, es decir, todos los pueblos no judíos. Sin embargo, el término griego utilizado no deja lugar a dudas, el singular "ethnos" y no el plural "ethnè": el reino de Dios será dado a una nación, no a todas las naciones de la tierra. Aclaración importante: el griego "ethnos" contiene la idea de raza. Ha dado lugar a la palabra francesa "ethnie". Estamos hablando de una raza, no de todas las razas de la tierra. Esta profecía de Jesús debe compararse con las palabras que Moisés relata de su Señor sobre los hebreos: "Me han provocado los celos con lo que no es Dios. Me han provocado a la ira con sus vanos ídolos. Y les provocaré celos con lo que no es un pueblo. Los provocaré a la ira con una nación insensata. (Deut. 32:21) Según los comentaristas musulmanes, esta "nación insensata", es decir, ignorante, sólo puede ser la nación árabe a la que se confiará la misión de profeta, lo que provocará los celos del pueblo judío. De hecho, los árabes, antes del Islam, no eran un pueblo unido, sino una multitud de tribus siempre en conflicto y caracterizadas por una ignorancia tal que la época preislámica se denomina precisamente en el Corán "la era de la ignorancia" (Corán 3, 154). Al describir las costumbres de los beduinos de la Arabia preislámica, el historiador inglés Edward Gibbon escribe en su

12- Yo sólo soy un avisador, como un hombre que, al ver venir al enemigo, va a salvar a su familia, temiendo que el enemigo se le adelante. Entonces empieza a gritar en su dirección: "¡Cuidado! El enemigo se acerca" (*Muslim*).

Historia de la decadencia y caída del Imperio Romano: "Una vaga similitud de lenguaje y costumbres era el único vínculo que constituía a estas tribus en un cuerpo de nación; y en cada comunidad la jurisdicción del magistrado era impotente y muda; la tradición conserva el recuerdo de mil setecientas batallas, libradas en aquellos tiempos ignorantes que precedieron a Muhammad. La profecía de Jesús también debe compararse con las palabras del Señor recogidas en Isaías 65:1: "He escuchado a los que no piden nada. Me dejé encontrar por los que no me buscaban. Dije: 'Aquí estoy, aquí estoy para una nación que no lleva mi nombre. La nación que se llama con el nombre de Dios es, sin duda, Israel, un nombre formado sobre el sufijo "El" que significa "Dios" en hebreo, sustituido por la nación árabe que no lleva el nombre del Señor. Como hemos mostrado, Jesús vino a anunciar, más que a establecer, este "reino de Dios" que será establecido por alguien distinto a él. De hecho, repite varias veces a lo largo de su vida pública que el reino aún no ha llegado: "Dijo: 'El tiempo se ha cumplido y el reino de Dios está cerca'. Arrepiéntanse y crean en la buena noticia" (Marcos 1:15). (Marcos 1:15) Contrariamente a lo que piensan algunos cristianos, engañados por la expresión "reino de los cielos", utilizada a veces para designar el Reino de Dios, éste es efectivamente terrenal. Bart Ehrman, profesor de la Facultad de Teología de la Universidad de Carolina del Norte y renombrado erudito del Nuevo Testamento, es categórico en este punto en su obra Jesús, interrumpido, revelando las contradicciones ocultas en la Biblia: "Este reino de Dios no es el 'cielo', el lugar al que se va cuando se muere (como en la tradición cristiana posterior). Es un verdadero reino terrenal. Para los musulmanes, esta nación que heredará el reino de Dios y rendirá sus frutos sólo puede ser la que desciende de Abraham a través de Ismael. Porque si los hijos de Israel, descendientes de Isaac, han roto la alianza hecha con su antepasado Abraham y renovada con Moisés, los hijos de Ismael tienen más derecho que nadie a heredar la misión profética, dada la promesa hecha a Abraham en Génesis 17:20 de hacer de su primogénito, Ismael, y de su descendencia, una gran nación.

13- El creyente es como el trigo que se dobla constantemente con el viento, se pone a prueba constantemente. En cuanto al hipócrita, es como el arroz, sólo se agita cuando se arranca. (*al-Bukhari* y *Muslim*)

14- Soy, en comparación con los otros profetas, como un hombre que construye una casa de la manera más perfecta, pero deja el lugar de un ladrillo vacío. Entonces la gente empieza a pasearse por el edificio con admiración, diciendo: "Si ese ladrillo estuviera en su sitio". Así que yo, en comparación con los otros profetas, soy como ese ladrillo (*Tirmidhi*).

15- ¡Cuidado con los pecados considerados insignificantes! Son como trozos de madera recogidos por un grupo de viajeros que se han instalado en un valle. Cada uno de ellos trae un trozo de madera que acaba en un montón sobre el que se cuece el pan. En verdad, los pecados triviales traerán la ruina a aquellos por los que son contados. (*Ahmad*)

La vida cotidiana

1- Cuando veas a los aduladores, échales polvo a la cara. (*Muslim*)

2- Cada enfermedad tiene su remedio (*al-Bukhari* y *Muslim*)

3- El fuego es tu enemigo, así que apágalo antes de irte a dormir (*al-Bukhari* y *Muslim*)

4- Tapen sus recipientes, sellen sus odres, cierren las puertas y apaguen las lámparas (*Muslim*).

5- Si oyes que una epidemia está asolando una región, no vayas allí
' si te encuentras en una región asolada por una epidemia, no huyas
io[1]. (*al-Bukhari* y *Muslim*)

6- Los lugares más amados por Dios son las mezquitas y los lugares
nás odiados por Dios son los mercados. (*Muslim*)

7- Cuando alguno de vosotros sea invitado a una comida, que
icepte la invitación. Si está ayunando, que rece a Dios en nombre de
us invitados, y si no está ayunando, que participe en la comida.
'*Muslim*)

8- Ciertamente, Dios se complace con Su siervo que, después de
omer o beber, Le alaba por este favor. (*Muslim*)

9- Cuando uno de vosotros vea algo agradable en un sueño, que lo
uente a los demás (*Muslim*).

10- El viaje no es más que un sufrimiento, ya que priva al viajero
e comida, bebida y sueño. Por lo tanto, cuando uno de vosotros haya
egado a la meta de su viaje, que se apresure a volver a su propia. (*al-
ukhari* y *Muslim*)

11- El que quiera jurar, que jure por Dios o guarde silencio. (*al-
ukhari* y *Muslim*)

12- La carga de la prueba recae sobre el acusador, y el juramento
obre el acusado[2]. (*Tirmidhi*)

Para no propagar la epidemia, por supuesto.

Compárese con los artículos 1353 y 2274 del Código Civil, que también estipulan
ue la carga de la prueba recae en el acusador. *El artículo 2274 dice: "La* buena fe se
esume siempre, y corresponde a quien alega la mala fe probarla".

13- El buen musulmán nunca se inmiscuye en asuntos que no le conciernen[1]. (*Tirmidhi*)

14- El que no agradece a la gente no es agradecido con Dios (*Abū Dawūd* y *Tirmidhi*)

15- Coman juntos y pronuncien el nombre de Dios, su comida será bendecida (*Abū Dawūd*)

16- Utiliza el aceite de oliva como condimento y para ungir tu piel ya que proviene de un árbol bendito[2]. (*Tirmidhi*)

17- El alcohol es la madre de todos los vicios. (*Ibn Majah*)

18- Los miembros de mi nación no serán responsables de sus actos cometidos por error, olvido o bajo coacción. (*Ibn Majah*)

---

[1] *"La curiosidad es un mal hábito", como dice* el refrán.

[2] *Como también indica esta aleya del Corán:* "Dios es la luz de los cielos y de la tierra. S luz es como la que emite una vela colocada en un nicho. La vela, dentro de u cristal con el brillo de una estrella luminosa, está alimentada por el aceite de u árbol bendito, un olivo expuesto al sol, mañana y tarde, un aceite que da luz si siquiera entrar en contacto con el fuego. La luz producida por la vela se multiplic así. Dios guía a quien quiere hacia su luz. Dios, cuyo conocimiento es infinit ofrece así parábolas a los hombres. (Corán 24, 35)

Dar al-Medina

دار المدينة

daralmedina.com